知的生きかた文庫

マッキンゼーで叩き込まれた超速仕事術

大嶋祥誉

三笠書房

はじめに

みなさんは、自分の仕事のスピードに自信がありますか？
日々の仕事を進めていくうえで、「時間がかかりすぎる」と思うのはどんな場面でしょうか？

この本を手に取ってくださっているということは、きっと「より効率的に、もっと速く仕事を進めたい」という問題意識をお持ちのことと思います。
仕事において、なんらかの問題を見つけ、解決策を模索する姿勢はとても重要です。大事なことは、どんな仕事にも、スピードアップを図る余地はあるということです。

私は、世界最高峰のコンサルティングファームといわれるマッキンゼー・アンド・カンパニーで仕事を経験し、マッキンゼー退社後はエグゼクティブを対象としたコーチングや、組織開発・人材開発コンサルティングに携わっています。

マッキンゼーと言うと「ロジカルシンキング」「ビジネスフレームワーク」、あるいはバリバリ仕事をこなすエリート集団というイメージを持たれる人が多いかもしれません。

しかし私自身が、当初からそんなマッキンゼー式のワークスタイルになじみがあったかというと、決してそんなことはありません。

私はどちらかというと非ロジカルで、直感的に思考するタイプの人間です。マッキンゼーには、ほとんど予備知識もないまま入社したようなところがありました。

入社1年目は、周りの先輩や上司のプロフェッショナルな仕事ぶりに圧倒されっぱなし。ただただ「すごい」と驚嘆する毎日でした。

一方で、入社1年目の新人であっても、クライアントの問題を解決する仕事を求められました。そのために必要なトレーニングを基礎からみっちり叩き込まれました。

おかげで、比較的早い段階でマッキンゼー流の仕事術を身につけ、解決困難な問題の数々を乗り越えることができたのです。

そんな経験を通して、私は「仕事が速い人」には次のような共通点があるという事実に気づきました。

まずは、「①すぐ行動する」ということ。

仕事が速い人は、決して考えすぎず、素早く仮説を立てるやいなや、とりあえず実践します。まずはざっくりしたアウトプットを出し、修正を繰り返しながらゴールに近づいているのです。

また、「②コミュニケーションスキルが高い」という点も見逃せないポイントです。

仕事が速い人は、要点をまとめてロジカルに伝える力に長けています。そのため、周囲の人から素早く的確な情報を得ることで、たったひとりで仕事を進めるよりも何倍ものスピードで仕事を進めています。

そして、最も強調したい点は、「③シンプルに考える」ことです。

仕事が速い人は、使っている道具から、仕事の管理の仕方、生活スタイルに至るまでが、いたってシンプルです。すべてをシンプルにすることで、ムダな思考や決断で脳の記憶容量を使うことがなく、仕事に集中して成果を上げています。

この本では、私の経験と学びを基に、「仕事が速い人」になるためのノウハウを「仕事環境・ツール」「アイデア発想」「企画書」「会議」「プレゼン」「行動習慣」のテーマごとにご紹介します。

仕事が遅くなる理由と解決策をわかりやすくするために、各項目の見出しでは「仕事が速い人」と「仕事が遅い人」の特徴を対照させています。また、各項目に図解を挿入することで、直感的にも理解しやすい内容を目指しました。

仕事のスキルアップは、突き詰めればスポーツのスキルアップと同じです。トレーニング次第で誰でも成長することが可能ですし、効果的なトレーニングをすれば成長のスピードは確実に速くなります。

それでは早速、仕事が速い人の「スピード仕事術」を一緒に確認していきましょう。

大嶋祥誉

The Speed Work Technique

マッキンゼーで叩き込まれた超速仕事術

Contents

The Speed Work Technique

第1章 仕事環境・ツール

The Speed Work Technique

第2章 アイデア発想

The Speed Work Technique

第3章 企画書

The Speed Work Technique

第4章 会議

The Speed Work Technique

第5章 プレゼン

The Speed Work Technique

第6章 行動習慣

編集協力　渡辺稔大
本文デザイン・DTP　佐藤純（アスラン編集スタジオ）
イラスト　吉村堂（アスラン編集スタジオ）

The Speed Work Technique

第1章

仕事環境・ツール

仕事が速い人は
○
朝型

仕事が遅い人は
×
夜型

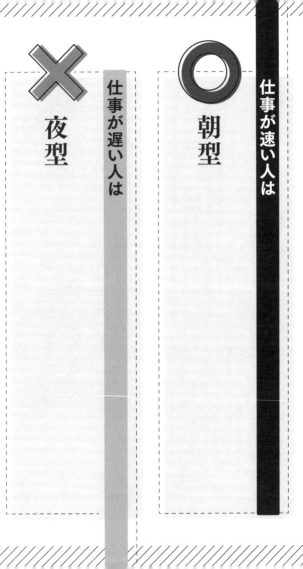

なぜ夕方以降は集中できないのか

「朝型」と「夜型」はどちらが生産性が高いのか。体質の違いによるところもあるでしょうが、基本的には朝型に軍配が上がると思います。

私の体感では、朝のほうが集中力が高く、効率よくサクサクと仕事が進みます。反面、夕方以降になると思考にノイズが生じてきて、そのノイズに振り回されやすくなります。たとえば「今度の週末は何をしようか」「来月友人と行くレストランを探さなくては」といった雑多な思考に翻弄され、気がつくと仕事とは無関係な情報をネット検索していたりするのです。

オーストラリアの研究グループが、これを裏付ける研究結果を報告しています。研究によると、人間が十分に覚醒して仕事を行えるのは起床後12～13時間まで。17時間を超えると「ほろ酔い状態」と同じくらいに集中力が低下するといいます。

つまり、朝6時に起きた人は18時には集中力の限界に達します。さらに、頑張って23時まで残業をしていると、ビール中びん1～2本、もしくは日本酒1～2合を飲んだのと同じような状態になってしまうのです。

それを踏まえると、朝起きて思考がクリアな時間帯に集中して仕事をこなし、定時に切り上げるワークスタイルが理想的であることがわかります。

仮に今、夜型で支障なく仕事ができている人も、その生活スタイルを続けていると、脳に疲労が蓄積していきます。5年後、10年後といった中長期的な視点で考えると、心身に負担をかけてしまうリスクがあります。

これは、自家用車を毎日無茶苦茶に乗り回していたら負担が大きいのと同じ理屈です。人間も機械も、小まめなメンテナンスと適度な負荷が不可欠なのです。

早寝早起きが思考をクリアにする

最適な睡眠時間は体質によるので、絶対的な正解はありません。ただ、アラームなどで無理矢理起きるのではなく、自然に目覚める状態が理想です。自分にとって無理のない就寝時間と起床時間を探ってみてください。

スタンフォード大学のウィリアム・C・デメント教授は「睡眠負債（sleep debt）」

早寝早起きのサイクルが仕事を速くする

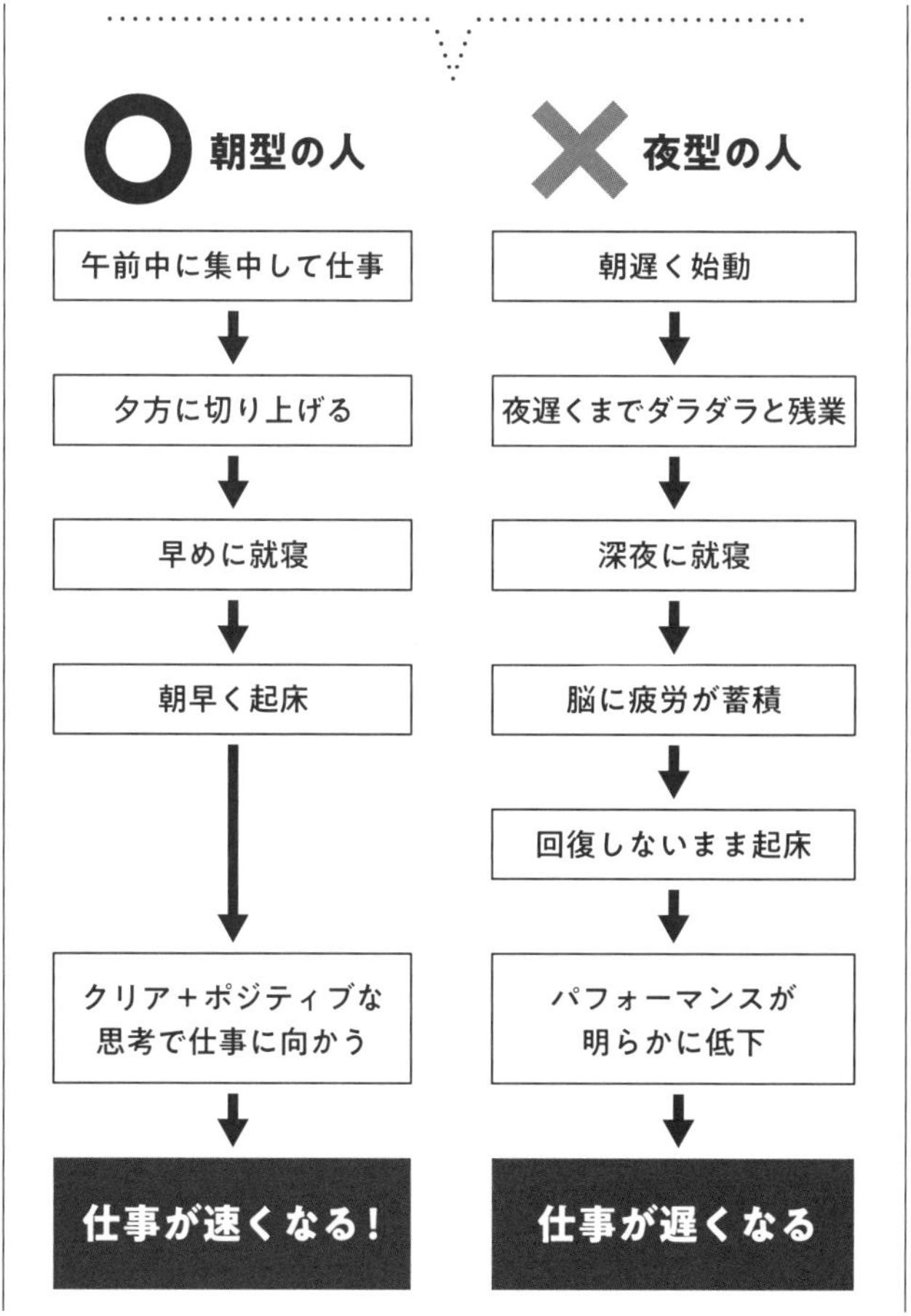

という表現で慢性的な睡眠不足のリスクに警鐘を鳴らしました。睡眠負債が積み重なると、メンタル疾患やがん、認知症などになるリスクも指摘されています。

1日でも夜更かしをすると、翌日のパフォーマンスがあからさまに低下し、回復までに2～3日を要することになります。まさに負債とは言い得て妙であり、睡眠負債をつくらないためにも、早寝早起きのルーティンを維持したいところです。

一度理想のサイクルが確立されると、睡眠の質がどんどんよくなっていきます。私の場合、夜は22時までに就寝し、朝は日の出前後に起床するサイクルがベストといえます。早起きをして太陽の光を浴び、瞑想をする。そして朝食をしっかり摂ると明らかに脳が「整った」という実感が得られます。

より思考がクリアになり、重要な仕事に一点集中でき、情報収集のスピードも速くなります。また、感情的にもネガティブモードになりにくいため、建設的な発想にもつながります。

午前中から太陽が南中して少し傾きかける時間帯までに「考える系」の仕事に集中して取り組む。16時頃には疲れを自覚するようになるので、そこからは事務処理系の仕事に移行する。こうした時間の使い分けが成果を最大化するのです。

仕事が速い人は

ひとつの仕事に集中する

仕事が遅い人は

複数の仕事を同時に進める

タスクをコロコロ変える人は生産性が低い

たくさんの仕事をハンドリングする人が、同時並行的に案件を処理する。一見すると「仕事ができる感」があります。しかし、仕事のスピードを上げるうえでは、ひとつの案件にフォーカスすることが重要です。

『SINGLE TASK 一点集中術』（デボラ・ザック著、栗木さつき訳／ダイヤモンド社）という本には、「あたふたとせわしなく働いている社員たちは1日に500回も注意を向けるタスクを変えるが、もっとも能率の高い社員たちは注意を向けるタスクを変える回数がむしろ少ない」というハーバード大学の研究結果が紹介されています。

人間の脳は、物事を同時に処理するようにはできていません。企画書を途中まで書いたところで会議資料づくりに着手し、それが完成しないままメールの返信を行い……という具合に目移りしていると、結局は生産性が低下し、仕事の質も落ちていきます。ひとつの仕事にフォーカスし、着実に完了させていったほうが効率的です。

なお、仕事をひとつずつ処理していくにあたっては、タスクを視覚化する必要があります。付箋にそれぞれのタスクを書き出し、「重要で緊急なタスク」→「重要ではないが緊急なタスク」→「緊急ではないが重要なタスク」→「重要でも緊急でもないタスク」の順に処理していきます（優先順位のつけ方については60ページで詳しく解説します）。タスクを処理したら付箋をはがして捨てる、もしくは線で消していきます。

一日が終わったところで、どこまで消化できたかをチェックしましょう。

音楽を聴きながらの仕事もNG

「同時並行」ということでは、音楽を聴きながら仕事をする人がいます。以前からイヤホン着用でパソコンのモニターに向かう人の姿を見かけますが、昨今は在宅勤務が普及したことで、勤務中でも誰に気兼ねすることなくラジオや音楽を聴くことができるようになりました。

なんとなくアップテンポの曲を流すと気分も上がり、作業がはかどりそうにも思えますが、実際にはどうなのでしょうか。

これに関して、『アトランティック（The Atlantic）』というアメリカの雑誌に、ジャーナリストのオルガ・カザンがレポートした記事が掲載されています。

記事中で紹介されているのは、被験者を「好きなアップテンポの曲を聴くグループ」「好きなスローテンポの曲」「音楽なしのグループ」に分け、複雑な作業に取り組んでもらうという実験です。

その結果、最もパフォーマンスがよかったのは「音楽なしのグループ」で、最悪だったのは「好きなアップテンポの曲を聴くグループ」だったというのです。つまり、生産性向上に寄与する音楽は「ない」ということです。

実験では、音楽が単調な作業の生産性向上をもたらすことが明らかになっていますし、音楽が気分転換に効果的なのは誰もが体感している事実でしょう。だから、音楽を聴くならデータ入力などをするとき、あるいは休憩時間に限定するのがベストです。

また、仕事に集中しているときには、メールやLINEの着信音（着信表示）も生産性を低下させるノイズとなります。着信の内容が気になっていちいちチェックしている間、仕事が停滞してしまいます。

集中したいときには着信をオフにする、スマホを視界の外に置く、あるいは耳栓を着用するなどの工夫が必要でしょう。

同時並行は仕事の効率を下げる

〇 仕事をひとつずつこなす人

メールの返信　書類のチェック　企画書の作成

ひとつに集中したほうが速い

× 同時並行する人

かえって仕事が進まなくなる

○

仕事が速い人は

どこでも仕事ができる

×

仕事が遅い人は

決まった場所でしか
仕事ができない

仕事モードのスイッチを入れるもの

2020年からの新型コロナウイルスの感染拡大に伴い、企業による在宅勤務導入は一気に加速した感があります。在宅勤務のメリットは、まず通勤時間が不要になること。満員電車で通勤するストレスや時間から解放されるため、リラックスした精神状態で仕事に取り組むことができます。

周りの環境に左右されず、ひとりで集中できるところも魅力です。上司あての電話を取り次ぐ必要もありませんし、同僚同士の会話が耳に入ってくる心配もありません。外界との接点は、ビデオ会議やメールなどで連絡を取っているときくらい。ノイズの少なさは生産性向上につながる要素といえます。

ところが、いざフタを開けてみると、「在宅勤務で意外と集中できない」という声も上がっています。いったいどういうことでしょうか。

集中を阻害する最大の要因は環境の変化にあります。ビジネスパーソンの中には、仕事モードのスイッチを「場所」に設定している人がいます。このタイプは、会社という空間に入り、自分のデスクと椅子に着くと、自動的に仕事モードに入ります。これが在宅勤務になると、自分がスイッチとしてきた環境が失われるので、なかなか仕事に集中できなくなるのです。

もちろん、時間が経てば自宅の環境にも慣れてくるので、自室の机や椅子に座ったらスイッチが入る状態をつくればよいのかもしれません。そのために「オフィスと同じような目線の高さでパソコンモニターを見られるように、本を重ねてパソコンの高さを調整する」といった環境づくりの手法がさまざま紹介されています。

しかし、在宅勤務だけではなく、自宅以外でのリモートワーク、フリーアドレスなどが普及していく現状を考えると、「場所」をスイッチにするのはおすすめできません。

アスリートに学ぶコンディショニングの発想

以前、ラグビー日本代表の五郎丸歩選手による、両手の指を組んで拝むようにする独特なポーズが話題となりました。これはキックを蹴るときの集中力を高めるための「ルーティン」であるといわれました。

仕事が速い人の「スイッチ」とは？

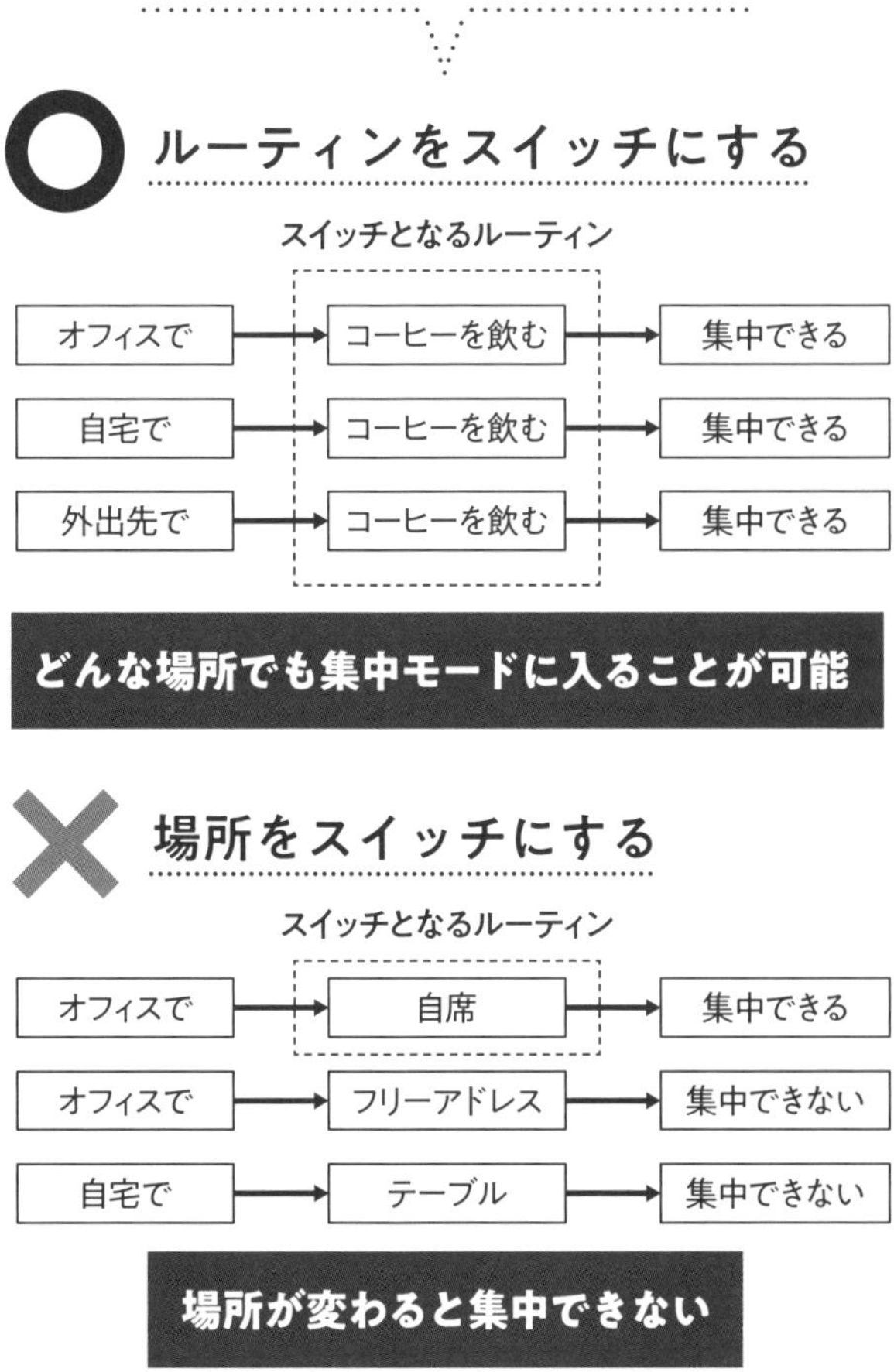
ルーティンをスイッチにする
スイッチとなるルーティン
オフィスで
コーヒーを飲む
集中できる
自宅で
コーヒーを飲む
集中できる
外出先で
コーヒーを飲む
集中できる
どんな場所でも集中モードに入ることが可能
場所をスイッチにする
スイッチとなるルーティン
オフィスで
自席
集中できる
オフィスで
フリーアドレス
集中できない
自宅で
テーブル
集中できない
場所が変わると集中できない

ルーティンとは、スイッチを入れるための儀式のこと。五郎丸選手のルーティンは、場所を問わずに成立するものです。アスリートはホームの環境だけでなく、アウェーの環境下でも普段通りのパフォーマンスを発揮する必要があります。そこで、環境に左右されずにスイッチを入れる手段を確立しているというわけです。

これからのビジネスパーソンには、アスリートのようなコンディショニングの発想が求められます。決まったデスクや椅子を使わなくても、仕事モードのスイッチが入るようになれば理想的です。スイッチは、コーヒーを飲むことでもよいですし、ストレッチでもかまいません。

ところで、「場所を問わずパフォーマンスを発揮する」とお話ししましたが、私はカフェなどでパソコンを開いて長時間作業をするスタイルには懐疑的です。

前項で解説したように、BGMや他人のおしゃべりなどの雑音は集中力を削ぐ要因となります。カフェの明るい空間で仕事をするのは快適そうですが、実際には「仕事をした気分」になっているだけ。生産性は低くなる傾向があります。

移動時間の合間にカフェでパソコンを開いて作業するのを否定するつもりはありません。ただ、本当に生産性が上がっているのかきちんと検証する必要があるでしょう。

仕事が速い人は

短時間で休憩を取る

仕事が遅い人は

休憩は取らない

人間が集中できる時間は短い

人間が質の高い高度の集中を維持できる時間は限られています。個人差はあるものの、一般的にはおよそ15～30分程度でいったん集中が途切れます。

仕事ができる人は、自分が高度に集中できる時間がどれくらいなのかを把握しています。たとえば、20分は高度の集中を維持できるとしたら、「20分仕事をしたら5分休憩する」のサイクルを繰り返します。もちろん調子がよければ60～90分程度デスクに向かうのは可能ですが、その場合、集中が途切れたときの反動も大きくなります。再び軌道に乗るまでに時間がかかり、ペースを乱す恐れがあるのです。

調子がよくてもあえて小まめに休憩を取る。このほうが結果的に生産性が上がるというわけです。

まずは自分が自然と集中できる時間の長さを知っておきましょう。人間は意識的に集中できるわけではありません。「あとで振り返ってみると何も考えずに集中できていた」集中とは、このように事後にしか自覚できないものなのです。

仕事をしていて、そわそわしたり気が散ったりするのは、集中が途切れたサインです。15分で途切れる人は、そのタイミングで休憩を取り、「廊下をひと回りする」「トイレに行く」「コーヒーを飲む」などで気分転換を図ります。自然に集中できないときには、状況にあらがわず、休憩を取るようにしましょう。

一日2回「静かな時間」を持とう

コンスタントに集中できる力を養ううえでは、朝夕の2回、一日20分程度「静かな時間」を持つことが有効です。

私は、毎日、朝夕の各20分間、瞑想することを習慣にしています。瞑想という静かな時間は、自分自身や人生について振り返る機会となるだけでなく、緊張やストレスの緩和にもつながります。実際、科学的にもその効果は立証されています。

瞑想は、集中力を高め、五感を研ぎ澄ます手段でもあります。私にとって、コンディションを高めるための不可欠な時間になっています。

抜きん出た成果を出すエグゼクティブには、瞑想を習慣にしている人が珍しくありません。アップル社の創業者であるスティーブ・ジョブズはその代表格であり、日本でも経営者を中心に静かな広がりを見せています。

「瞑想」というとハードルが高いと感じてしまう人には、難しく考えずに、心を落ち着かせる時間をつくることをおすすめします。できれば視覚的・聴覚的にもノイズの少ない場所に移動し、スマホはオフにしてボーッと無心で過ごすのです。あえて無心になろうと意識せず、自然と脱力するのがポイントです。

このとき呼吸を整えるのもよいでしょう。具体的には足を肩幅に広げ、背筋を伸ばし、目を閉じて鼻からゆっくり息を吐き出します。しっかり吐ききったら、今度は鼻から息を吸います。10回くらい繰り返すと、心が静まり、五感もクリアになります。

ワシントン大学のマーカス・レイクル教授は、ボーッと過ごしている時間に人間の脳が活性化している事実を明らかにしています。これを「デフォルト・モード・ネットワーク」と言います。ボーッとしているときに脳内で有機的なネットワークが形成され、これまで脳が記憶している知識や情報を、意味のあるものにつなげる活動が行われているというのです。

ボーッと過ごす時間こそが、クリエイティビティを下支えしているのです。

休憩したほうが集中できる

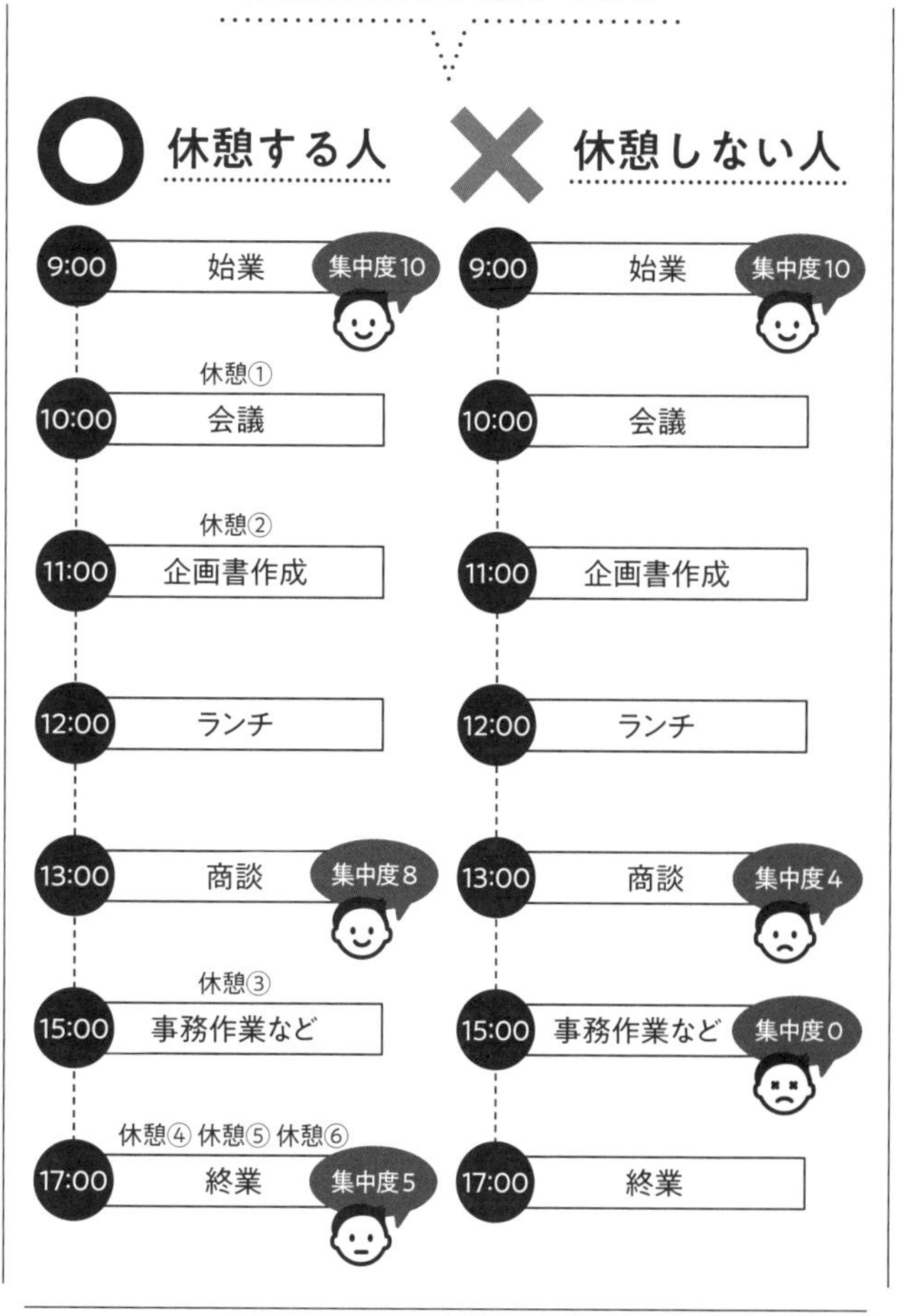
休憩する人
休憩しない人
9:00
始業
集中度10
休憩①
10:00
会議
休憩②
11:00
企画書作成
12:00
ランチ
13:00
商談
集中度8
休憩③
15:00
事務作業など
休憩④ 休憩⑤ 休憩⑥
17:00
終業
集中度5
9:00
始業
集中度10
10:00
会議
11:00
企画書作成
12:00
ランチ
13:00
商談
集中度4
15:00
事務作業など
集中度0
17:00
終業

仕事が速い人は

文房具にこだわる

仕事が遅い人は

文房具にはこだわらない

ノートは思考を深めるためのマストアイテム

感覚的に心地よい文房具を使うと発想が湧きやすくなり、集中力も高まるため、仕事のパフォーマンスが上がります。仕事が速い人ほど、「自分にしっくりくる」文房具を使って成果を上げています。

私自身、気に入った文房具は継続して同じものを愛用しています。ただ、メーカーの商品開発力には目を見張るものがあります。文房具は日進月歩で進化しています。

そこで、月に1度くらいのペースで定期的に文具売り場やネットをチェックし、気になった商品はお試しで使ってみることにしています。実際に使用して仕事がはかどるのを実感したら「一軍（常に使うもの）に昇格させる」という感じです。

文房具の奥深さは、ただお金をかければよいというわけではなく、値段にかかわらず最適な道具を見つけ出す楽しみにあります。

特に重視しているのがノートです。ノートはただのメモや議事録のツールではありません。問題を解決したり思考を深めたりするうえで不可欠なマストアイテムです。

私が愛用するノートはコクヨのキャンパスノート（ドット入り罫線）。手触りも心地よく、色はオレンジが好みで、背表紙を閉じている部分のシルバーとの組み合わせに不思議とテンションが上がります。

このB5判のノートは、罫線上に等間隔の「ドット」が入っていて、きれいに書きやすいのが特長です。東大合格生のノートの取り方をもとに開発されたことでも知られており、東大生の85％以上に「使用経験がある」とのアンケート結果も出ています。

私はマッキンゼーに勤務していた時代から、方眼ノートに相性の悪さを感じてきました。方眼の縦線に心理的な「引っかかり」を感じ、思考が膠着《こうちゃく》するような気がするのです。そうかといって、罫線も何もない真っ白なノートも、拠り所を奪われたようで落ち着きません。やはり「罫線＋ドット」の組み合わせが思考を後押ししてくれるとの実感があります。

おそらくビジュアルで思考する人は、空間把握能力に適しているので、真っ白なノートに使いやすさを感じるのかもしれません。私のように文字で思考するタイプは、図解よりも箇条書きを多用するので、罫線が必要となるのでしょう。

「罫線ノート」といっても、罫線の幅や色にもバリエーションがあり、人によって適

ノート選びの豆知識

サイズ

□A4判は国際規格に合わせやすいが、机の上に広げると大きすぎる場合もある

□A3判の企画用ノートもある

□A5判やA6判サイズはコンパクトで収納や持ち運びに便利な反面、余白がつくりにくい

□B5判は日本で一般的に使われることが多い

罫線

□7ミリ(A罫)は幅が広く書きやすい

□6ミリ(B罫)は文字をたくさん書き込める。1行空けて書くと読み返すときに便利

□等間隔のドット入り罫線は図形を描くときに便利

□方眼ノートは図をフリーハンドで描きやすい

□無地ノートは自由な発想に向いている

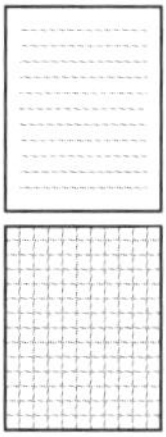

綴じ方

□綴じノートはかさばらず、使い終わったあとの保管に便利。比較的に安価で購入できる

□リングノートは折り返した状態で使用できるので、狭いスペースでも書きやすい。ページを破り取ることもできる。一方で、リングに手が当たる煩わしさを感じることも

紙質

□上質紙はなめらかな書き心地が魅力

□中質紙は安価に購入できるのがメリット

したノートもバラバラです。ぜひ自分の感覚で最適なノートを探してみてください。

ペンは「書き心地」を追求する

ノートを活用するうえで不可欠なのがペンです。私はピンクのサインペンを多用しており、特に0・3〜0・4ミリくらいの極細ペンが好みです。自分にとって、ピンクのインクには発想を促す効力があるのを実感しています。

ほかに筆記用としては、ウォーターマンのボールペンはグリップが快適で、さらさらとした書き心地には安定感があります。

私が愛用している文房具に、富士通の電子ペーパー「クアデルノ」があります。クアデルノは、イタリア語で「ノート」のこと。専用のペンで書く、紙のノートのような製品です。実際の書き心地も非常に紙に近く、ストレスをほとんど感じさせません。

電子ペーパーのメリットは、パソコンやスマホに連携できる点です。紙のノートの場合、情報をシェアしたいときには、撮影する手間が生じるのですが、その点クアデルノを活用するとスマートです。出先で使うには好都合であり、おすすめです。

仕事が速い人は

書類を捨てられる

仕事が遅い人は

書類を捨てられない

デスク周りの状態は頭の中身を反映する

私の知る限り、仕事が速い人は「デスク周りが片付いている」という共通点があります。マッキンゼー時代の先輩たちも、おおむねきれいなデスクを維持していました。デスクに書類が積み重なっている人、整理整頓できていない人の記憶はほとんどありません。普段は整理整頓できているので、デスクが乱雑になっているのを見ると、一時的に非常事態にあるのだと推測できるくらいでした。

デスク周りの状態は、その人の頭の中を如実に反映しています。整理整頓された環境下では集中して思考できるのですが、散らかった環境下では発想や思考が乱れ、集中力が低下します。不要物がノイズになるからです。つまり、深く思考し、集中してパフォーマンスを発揮するには、デスクをきれいに保つことが不可欠なのです。

また、整理整頓をすると資料やデータなどを探し出す時間を短縮できます。一見ささいなことのようですが、この時間はバカにできません。

『気がつくと机がぐちゃぐちゃになっているあなたへ』（リズ・ダベンポート著、平石律子訳／草思社）という本では、平均的なビジネスパーソンは探し物に年間150時間を費やしていると指摘しています。

コクヨが2022年に行った調査では、一日のうち探し物をしている時間は平均およそ13・5分、年間で約54時間に相当するとの結果が報告されています。データを探す時間を加味すれば、年間150時間というのも不自然ではありません。

整理整頓をすれば、こういったムダな時間も削減でき、仕事のスピードを確実にアップできるのです。

紙の資料は「すべて破棄」が原則

整理整頓の基本は、不要な書類を捨てることです。昨今はペーパーレス化もかなり進んできましたし、紙の資料も簡単にデータ化できます。あえて紙のまま書類を保管しておく必要性がありません。

終わった仕事、完結したプロジェクトの資料については、原則的には残さず速やかに処分しましょう。

他人から借りた資料は、責任を持って確実に返却し、廃棄すべき資料はシュレッダーにかけてから捨てます。資料には自社はもとより他社のデータが記載されていることもあるため、万が一の流出防止に備えて慎重に取り扱いましょう。

中には「この資料は後々何かの役に立つかもしれない」と思えるような資料もありますが、私の経験上、実際に保管していた資料が役立った経験は皆無です。

特に最新情勢を分析するような資料は、時間経過とともに急速に価値が失われます。たとえば、現在は人口が減少していく日本における労働力の代替として、チャットGPTに代表されるAI技術をいかに活用するかが関心事となっているように、わずか1年前のデータでさえ、現状の理解に役立たないのは誰の目にも明らかです。

また、紙の書籍なども、資料と同様に速やかに処分するのが鉄則です。もし再度必要になれば、アマゾンなどで再び入手するのは簡単だからです。なお、パソコンやクラウドに保存しているデータも、定期的な整理整頓をおすすめします。このとき、検索性を高めるためわかりやすいインデックスを付けるといいでしょう。

整理整頓は「毎週1回」「1カ月に1回」など実施日を決めてスケジュール化しておくのが理想です。整理をすると気持ちもスッキリします。

書類は捨てるのが基本

○ 捨てている人

捨てる

- プロジェクトが完結したら資料は捨てる
- シュレッダーを使うなど、情報漏洩に注意する
- 書籍も保管せずに処分する

整理する

- ペーパーレス化を進める
- 定期的に実施日を決めて整理整頓を行う
- デスク周りは常にモノを置かないようにする

効率アップ

- 目の前の仕事に集中できる
- 深い思考ができる
- 探し物に時間をかけない

× 捨てられない人

捨てない

- 基本的に紙で保管する
- 「いつか使う」と思っている
- デスクに書類を積み重ねる

探す

- 書類を探す機会が多い
- 必要なモノを取り出すのに時間がかかる
- データも探すのに時間がかかる

効率ダウン

- 集中できない
- 思考が乱れる
- 時間が足りなくなる

○

仕事が速い人は

メッセンジャーで連絡

×

仕事が遅い人は

メールで連絡

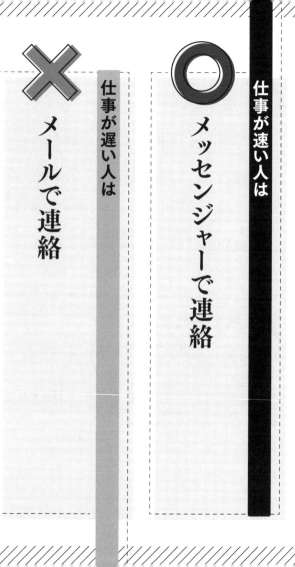

カジュアルなコミュニケーションは速い

今では、メール一辺倒だったコミュニケーションツールも多様化しています。ライン、フェイスブックのメッセンジャー以外にも、チャットワークやスラックなどのビジネスチャットサービスも普及しています。

私の周りでも、メールを使用する機会は明らかに減少しています。比較的多用しているのはメッセンジャーとスラックでしょうか。

メールの場合、大量のメッセージが受信トレイにたまり、重要な案件を見逃すおそれがあります。やりとりの流れを追いにくく、見失うこともあります。相手が見えにくいのとあいまって、全体的に重たいイメージがあるのです。

一方、メッセンジャーは通知を見ただけで発信者が一目瞭然であり、オンライン状態も表示されるので、相手の状況を把握しやすいのが利点です。つまり、「メッセージをすぐに見る人／見ない人」「すぐに返信する人／ちょっと呼吸をおいてから返信する人」といった相手のキャラクターがわかりやすい。いつメッセージを見ているのかわかりにくいメールよりも安心感があるように感じます。

また、普段は敬語で接しているような相手にも、気軽に絵文字を使えるような適度なカジュアルさもあります。フォーマルなコミュニケーションでも、親近感を覚えやすいぶんだけ同意が取りやすい印象もあります。総じてメッセンジャーは、リアルな対話に近い感覚でテンポよくメッセージをやりとりできるのが魅力なのです。

なお、チャットワークやスラックなどは特にチームでコミュニケーションを取るときに威力を発揮します。リアルタイムに気軽に連絡できるので、情報共有が効率化します。仕事を速く進めたいなら、メールにこだわらずさまざまなツールを活用する必要があるでしょう。

メッセージは「簡潔に短く」が基本

マッキンゼーでは「メールは簡潔に短く」が鉄則となっていました。相手が短時間で要点をつかめるように、スクロールしないで見られるように意識していました。たとえば、次のようなまとめ方です。

△△の件ですが、現状では、次の3つがポイントです。

1　○○○○
2　○○○○
3　○○○○

以上を踏まえ、□□の方向で進める予定です。問題ありませんでしょうか？

「箇条書きを使う」「根拠、主張を短くまとめる」という原則はメール以外のツールを使うときも同じです。

ただ、最近はスマホでメッセージをやりとりする人も多く、短文でまとめる作法は、ある程度常識と化しています。

そこで、もう一段上のテクニックをご紹介したいと思います。通常は、箇条書き＋短文で書き、状況に応じてダラダラと長い文章を使う方法です。切々とした長文は、情に訴える効果があり、ときに人を動かす力を持ちます。短文と長文の使い分けができるようになれば鬼に金棒です。

ツールを使い分けよう

	メリット	デメリット
メール	●過去のメールを検索しやすい ●同じメーラーを使用していなくても送受信できる ●フォーマルなやりとりにも使いやすい	●相手がメールを読んだかどうかがわからない ●言葉づかいに注意する必要がある ●メールを敬遠する人もいる
チャットツール	●チャット方式で気軽にやりとりできる ●リアルタイムにやりとりできる ●相手が読んだかどうかがわかる ●グループで情報共有できる ●写真などを送りやすい	●ダラダラとやりとりしてしまうことがある ●ツールによっては過去のやりとりをさかのぼりにくい ●プライベートとの区別がつけにくい ●同じツールを使っていないとやりとりできない

チャットツールのコミュニケーション例

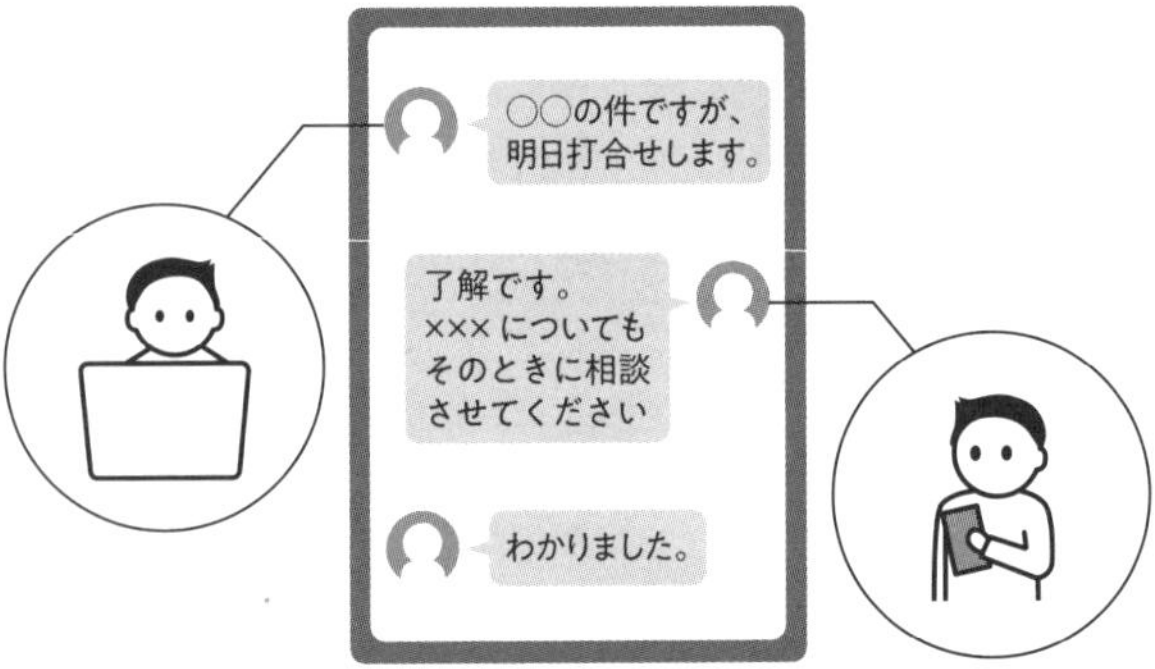
○○の件ですが、明日打合せします。
了解です。×××についてもそのときに相談させてください
わかりました。

○

仕事が速い人は

本をざっくり読む

×

仕事が遅い人は

本をじっくり読む

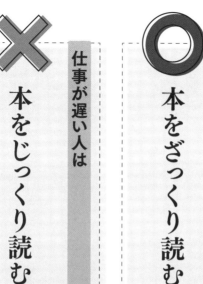

本の読み方は「2通り」ある

仕事ができる人はおしなべて読書家です。本を読めば知識が深まるだけでなく、新たに得た知識を使って思考することにより、仮説の検証精度が高まったり、優れたアイデアを生み出したりできるようになります。

また、本を読むとモチベーションも高まります。先人の体験や主張から勇気を与えられ、物事に前向きに取り組もうとする意志が養われるからです。

読書には、大きく分けてふたつの方法があります。ひとつは、時間をかけてじっくり味わう読み方です。たとえば、小説や哲学書は、「自分が主人公の立場だったらどうするか？」「この思想を実生活とどのように結びつけることができるか？」などを問いかけつつ読み進める。そうやって時間をかけて思考を深めていく方法が適しています。

そしてもうひとつは、仕事の情報収集を目的とした、大量かつ短時間に読む方法です。この場合は、「仮説ありき」で、仮説を検証するための情報を探していくのが基本です。脳内に設定したキーワードをもとに手当たりしだいに本を手に取ります。そして、「これはエビデンスとして使えそう」「ここを引用すればいい」という箇所だけを選び取っていくわけです。ですから、あえてじっくり読む必要はありません。

「本はじっくり読むもの」という先入観にとらわれている人は、ジャンルを問わず時間をかけて丁寧に読み進めます。これが時間のムダにつながる恐れがあります。

ゴルフにたとえれば、ざっくり読むことは、新しいクラブを選ぶ、フォームを改造するなど、短期にできるレベルアップに相当します。

一方で、じっくり読むことは、体幹トレーニングと似ています。体幹トレーニングはすぐに効果が表れないのですが、長期的に見れば確実にレベルアップに貢献します。

つまり、前者も後者も不可欠な工程といえます。

これと同様に、仕事が速い人は、本の内容に応じて読み方を使い分けているのです。

本は最後まで読まなくていい

本を読むときには積極的に線を引くことがポイントです。線を引くべき箇所は、重要な箇所、引用できそうな箇所、表現に優れている箇所などさまざまです。内容に応じて色分けしておくのもよいでしょう。

また、線を引いたページには付箋を貼っておきます。あとで付箋を貼った箇所だけ拾い読みすれば、短時間で内容を理解でき、刺激が得られます。

新たな発見が得られそうもない場合は、途中で読むのをやめてしまってかまいません。最初から最後まで読まなくても大丈夫です。最後まで読破することにこだわると、時間をムダにしかねません。

ところで、本を探すときはインターネットも便利ですが、実際に書店に足を運ぶことにも意味があります。私が特に利用するのはターミナルにある超大型書店。一度行くと2～3時間にわたって店内を回遊し、十数冊は買い込むことになります。

まずは自分の興味のある分野、今執筆している書籍のテーマに関連する棚からタイトルをチェックし、実際に本を手に取って目次をパラパラと眺め、著者のプロフィールも確認します。目次を見れば参考にできるかどうかの見当がつきますし、成果を出している著者の主張には説得力があるからです。

さらに、自分のテーマとは無関係の棚もひと通り見て回るようにしています。異なる分野の本が発想やアイデアを触発してくれることが多々あるのです。

読書をするときのポイント

ポイント❶
読書を 2パターンに分ける

小説や哲学書などは自問自答しながらじっくり読むが、情報収集を目的とした読書は必要な箇所だけ探しながら読む。

ポイント❷
積極的に 線を引く

重要な箇所、引用できそうな箇所、表現の優れている箇所などは、どんどん線を引きながら読む。内容に応じて色分けするのもよい。

ポイント❸
途中でやめても OK

無理に最後まで読もうとせず、新たな発見が得られそうもない場合は、途中で読むのをやめてもかまわない。

ポイント❹
リアル書店とネット書店を 使い分ける

定期的にリアル書店にも足を運ぶことを意識する。自分のテーマとは無関係な棚もチェックすることでアイデアが触発される。

本をたくさん読むと思考力が深まる

The Speed Work Technique

第2章

アイデア発想

○

仕事が速い人は

優先順位をつける

×

仕事が遅い人は

優先順位をつけない

「緊急度と重要度のマトリックス」を活用する

ビジネスパーソンは、日々たくさんの仕事を抱えています。忙しいとき、とにかく目についた仕事から手をつけていると、それぞれの仕事の意義や価値を見失いがちです。肝心の仕事が後回しになったり、雑になったりすることで、結局は「仕事が遅い人」という烙印を押されてしまうのです。

仕事の効率を上げるには、優先順位をつけることが不可欠です。

優先順位をつけるときに、「好きで得意な仕事から着手すると勢いがついて仕事がはかどりやすい」という主張を耳にします。

確かに一理あるのですが、ここには大きな見落としがあります。仮に好きで得意な仕事であっても、ニーズがなかったり自分の進化、成長につながらなかったりする仕事はロスが大きいという事実です。

やはり仕事は、ニーズや自分の成長につながる「重要度」という観点で分類する必要があります。そこで提案したいのが「緊急度と重要度のマトリックス」というフレームワークの活用です。

縦軸に「重要度」の高低、横軸に「緊急度」の高低を示したマトリックスをつくり、その中に、自分が抱えている仕事をすべて当てはめていくのです。

具体的にはノートの1ページを使って、このマトリックスを描き、タスクを記入した付箋を、それぞれの枠に1枚ずつ貼り付けます。

そのうえで、まずは右上の「重要で緊急」に分類された仕事から処理していきます。次に、「重要ではないが緊急」→「緊急ではないが重要」→「重要でも緊急でもない」仕事の順に手をつけていきます。

仕事が終わったら付箋をはがすか、線で消します。

緊急ではないが重要な仕事がカギ

この「緊急度と重要度のマトリックス」の中で、最もカギとなるのは「緊急ではないが重要」な仕事です。

仕事が遅い人は、どうしても緊急度にフォーカスする傾向があり、それをこなすこ

緊急度と重要度のマトリックスで仕事を分類

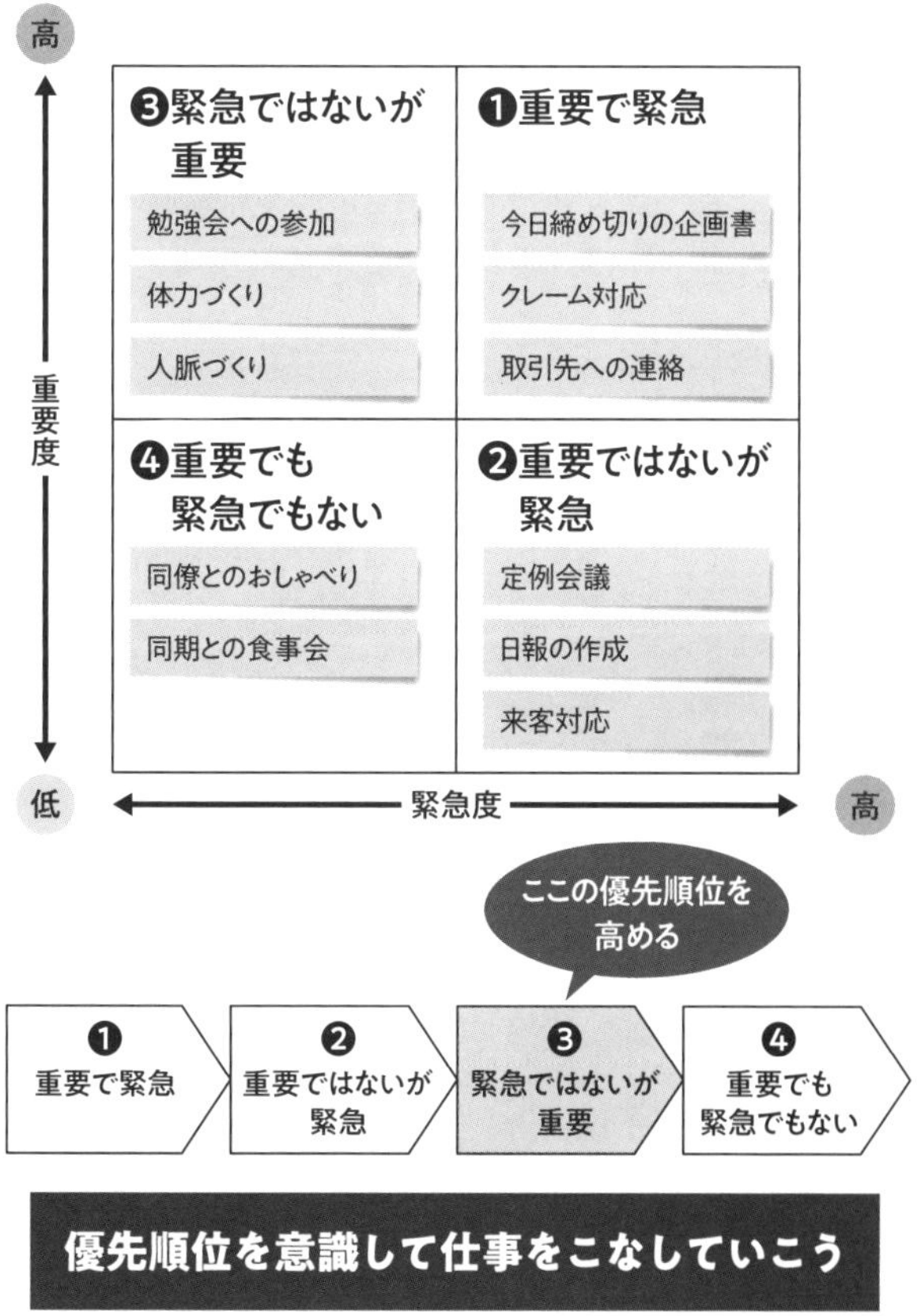

高
重要度
低
緊急度
高
❸緊急ではないが重要
勉強会への参加
体力づくり
人脈づくり
❶重要で緊急
今日締め切りの企画書
クレーム対応
取引先への連絡
❹重要でも緊急でもない
同僚とのおしゃべり
同期との食事会
❷重要ではないが緊急
定例会議
日報の作成
来客対応
ここの優先順位を高める
❶ 重要で緊急
❷ 重要ではないが緊急
❸ 緊急ではないが重要
❹ 重要でも緊急でもない
優先順位を意識して仕事をこなしていこう

とに注力します。そのせいで、長期的に見て仕事のスキルを上げるために重要な仕事がどんどん後回しになり、ますます仕事が遅くなるという悪循環に陥ります。

そこで重要なのは、次のように自問自答してみることです。

「今日一日が終わるまでに何をやっておけば、より満足度が高まるか」

「あと6カ月しか生きられないとしたら何をやっておきたいか」

こうすることで、「緊急ではないが重要」な仕事の優先度が高まるので、積極的に取り組めるようになります。同時に、「重要ではないが緊急」の優先度が低下し、後回しでいいという判断ができるかもしれません。

このように、定期的に自問自答することで、マトリックスの中身が適切に分類されているかどうかを確認しましょう。

ちなみに「緊急度と重要度のマトリックス」は1週、1カ月、1年単位で作成することもおすすめです。プライベートも含めてやるべきことを可視化・分類すれば、同じ時間でできることの幅が広がります。

仕事が速い人は

考えるときは紙に向かう

仕事が遅い人は

考えるときはパソコンに向かう

「手書き」が脳を刺激する

ビジネスにおいて重要なのは、問題解決という成果を出すことにあります。解決策を導くには、自分の頭で思考する必要があります。思考して得られた解決策を、最終的に企画書やレポートなどの資料にまとめていくという流れです。

私が知る優秀なコンサルタントは、思考する段階からパワーポイントなどのソフトを使うことはほとんどありません。最初はノート（紙）を使って考え、パソコンに向かうのは、あくまでも最終段階に達してからです。

では、なぜノートを活用するのか。書くことで思考を深め、さらに思考を整理して記憶に定着させるためです。そのほうが最終的なアウトプットを完成させるスピードも速くなるのを実感しています。

ポイントは、手で書くという行為です。手書きには、私たちの脳を刺激し、思考に広がりと深さをもたらし、さまざまな情報を結びつける効果があるのです。

もう少し詳しく解説しましょう。

私たちの脳は、3つの部分に分けることができます。まず、脳の中軸部にあたるのが「脳幹」。人間が生きていくうえで大切な免疫系、内分泌（ホルモン）系、自律神経系、脊髄筋骨格系《せきずいきんこっかくけい》の4つの系統に関与しています。「大脳辺縁系《だいのうへんえんけい》」は、食欲、性欲、睡眠欲などの本能、喜怒哀楽、情緒などの感情、睡眠や夢などを司っています。

そして脳の表面を覆っている「大脳皮質《だいのうひしつ》」は、ものを知覚したり、運動を制御したり、未来の予想、計算、推理などに関与し、人間の知的な活動を支えています。

脳の記憶にはふたつのパターンがある

私たちの脳が情報を記憶するときには、ふたつのパターンがあります。頭で覚える「陳述的記憶」と、体で覚える「手続き記憶」です。

漢字や元素記号などを覚えるのが陳述的記憶ですが、この記憶は一度覚えても忘れてしまうことがあります。一方、手続き記憶は自転車の乗り方や楽器の弾き方などを覚える記憶です。一度覚えれば、忘れにくくなる特長があります。

試験勉強などで知識をひたすら暗記したのに、なかなか覚えられない、ちゃんと覚えたはずなのに試験が終わったらすぐに忘れてしまったという経験は、誰もが持っていると思います。こういった頭で覚える記憶は、なぜ定着しないのでしょうか。

実は、頭で覚えようとしたことは、脳内の大脳辺縁系にある「海馬《かいば》」というところで処理され、重要度の高いものだけを、記憶に関与する大脳皮質に送るという仕組みになっています。

一度海馬を通過する過程でフィルターにかけられるので、覚えようとしたことがすべて記憶されるわけではありません。

これに対して、体で覚える手続き記憶は、海馬よりも奥にあり、人間の運動に必要な筋肉の動きをコントロールする「大脳基底核《だいのうきていかく》」と小脳の「ニューロンネットワーク」で処理されるため、定着しやすいのです。

紙に手書きする行為は、頭で考えるだけでなく、手という体を使っています。つまり、頭だけで考えているときよりも、ペンを使って体で考えるほうが、脳の活用部分が多いため、記憶にも定着する効果が期待できるのです。ぜひ、手と思考の共同作業で思考を深めていくというイメージで取り組んでみてください。

手書きをすると思考が深まる

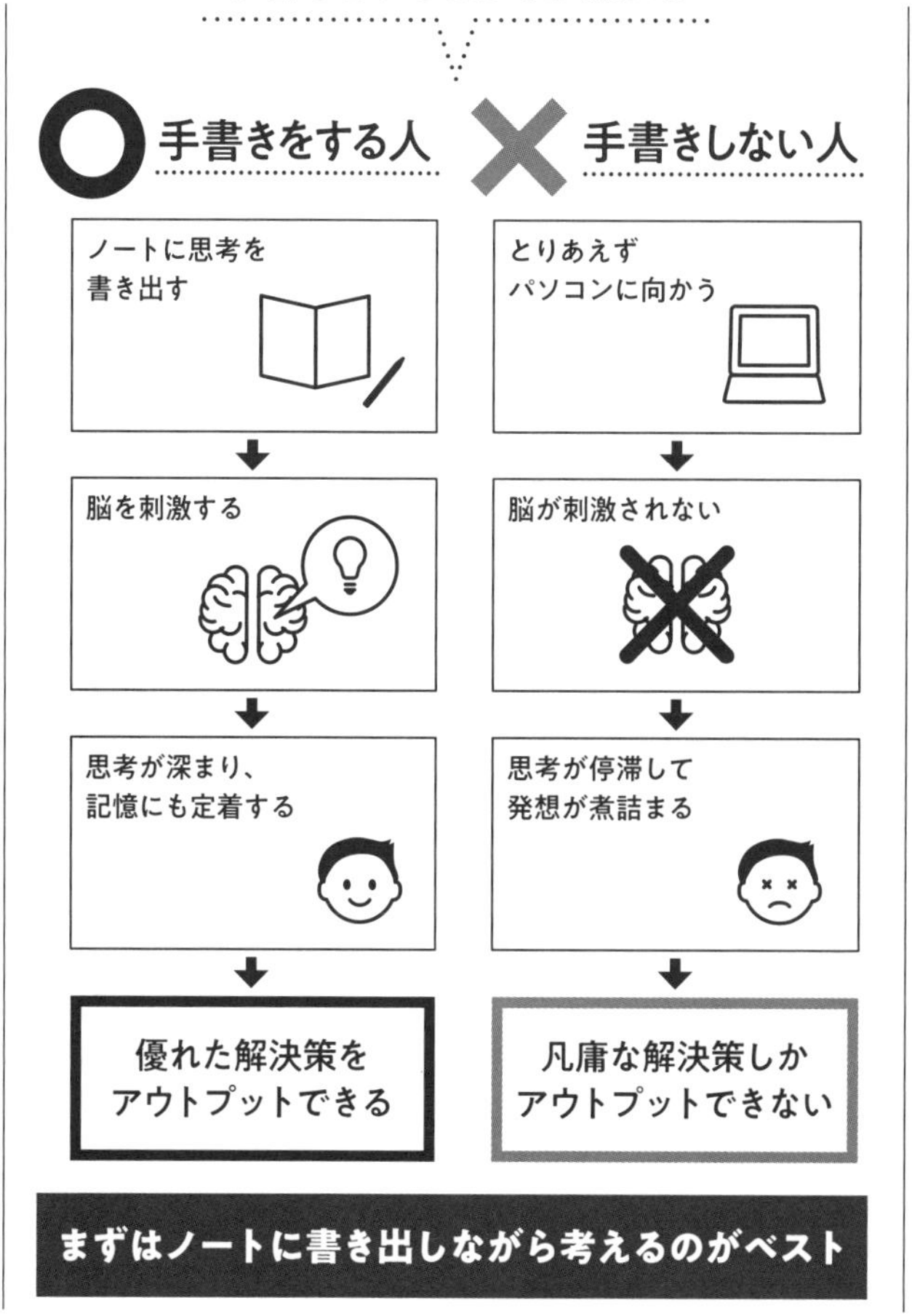

手書きをする人
手書きしない人
ノートに思考を
書き出す
とりあえず
パソコンに向かう
脳を刺激する
脳が刺激されない
思考が深まり、
記憶にも定着する
思考が停滞して
発想が煮詰まる
優れた解決策を
アウトプットできる
凡庸な解決策しか
アウトプットできない
まずはノートに書き出しながら考えるのがベスト

〇 仕事が速い人は
既存のアイデアを組み合わせる

× 仕事が遅い人は
ゼロからアイデアを生み出す

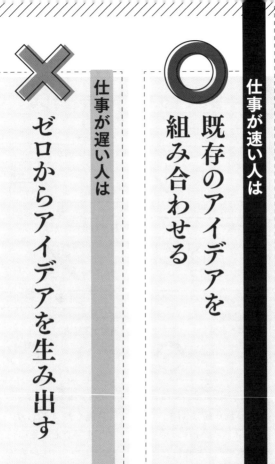

掛け算で発想するとスピードが上がる

新しいアイデアを創造するとき、多くの人がまったくのゼロから発想しようとします。しかし、現実を見渡せば、世の中にはありとあらゆるアイデアがほぼ出尽くしています。ゼロから発想するのは極めて難しく、ムダな時間を費やすことになります。

重要なのは、既存のアイデアを掛け算して新たな発想を生み出すという視点です。掛け算のカップリングを見出すところにオリジナリティを発揮する余地があり、発想のスピードを上げることにもつながります。

たとえば、普段、私たちがよく口にしているペットボトルのミネラルウォーターがあります。このミネラルウォーターの市場は、かなり前から飽和状態にあり、新商品が成功する可能性はなきに等しいものとされてきました。

そんな飽和市場に割って入り、600ミリリットル以下のミネラルウォーターでトップブランドにまで成長した商品があります。2009年に日本コカ・コーラが製造・販売を開始した「い・ろ・は・す（I LOHAS)」です。

「い・ろ・は・す」の開発担当者が見出した掛け算は、「お水×エコ」というものでした。当時からエコに対する関心は高まりを見せており、「LOHAS（ロハス／健康で持続可能な生活様式）」という言葉も知られつつありました。そういった背景から誕生したのが「い・ろ・は・す」だったのです。

私たちが「い・ろ・は・す」を手に取るのは、健康や環境に優しいというコンセプトに共感するからです。

面白いのは、「い・ろ・は・す」を購入するとき、あれほど重視していたはずの採水地を、消費者がほとんど気にとめていないように見えることです。「エコ」という概念は既存のものですが、「水」と掛け合わせるところに発想の新しさがありました。これは、既存のアイデアを掛け算した成功例のひとつといえるでしょう。

喫茶店にみる掛け算の成功例

既存の要素を掛け合わせれば、無限の発想が可能となります。もうひとつ、「喫茶店」の例をご紹介しましょう。

「喫茶店」というと、「喫煙者のたまり場」「ゆったりとしたソファー」といった、昭和レトロなお店を想像します。そこに「コーヒー×立ち食いそば」という掛け算で風穴を開けたのがドトールコーヒーです。ドトールは、小さなお店でも、回転率を上げることで安価にコーヒーを提供するビジネスモデルで成功しました。

そうやってお手軽なコーヒーショップが主流になりかけたところに、新興勢力が名乗りを上げます。「コーヒー×サード・プレイス」という掛け算を提示したスターバックスコーヒーです。サード・プレイスとは、自宅や職場とは別の居心地のよい第三の場所。スタバは空間を売るという発想で消費者の支持を集めることに成功しました。

喫茶店の進化はとどまるところを知りません。スタバとは対極のスタンス「コーヒー×くつろぎ」という掛け算で人気を広げているのがコメダ珈琲でしょう。コメダには大衆的な雑誌が常備されていて、親しみやすいメニューも揃い、サンダルとジャージで来店できるような気楽さがあります。いずれも組み合わせの成功例です。

これらの例は、アイデアの組み合わせこそが活路を開くことを教えてくれます。

組み合わせを含むアイデア創出法「オズボーンのチェックリスト」を次のページに図示しますので参考にしてください。

発想に使えるオズボーンのチェックリスト

1 転用	他に利用方法はないか?　新しい用途はないか? 部分的に修正したら?　改善・改良したら?
2 応用	過去の事例からアイデアを再生できないか? 真似できないか?　近いものをお手本にできないか?
3 変更	色、形、動作、匂い、様式、順序、頻度などを 変えてはどうか?
4 拡大	大きくしたらどうか?　加えたらどうか?　多くしたら どうか?　高くしたらどうか?
5 縮小	小さくしたらどうか?　減らしたらどうか? 少なくしたらどうか?　圧縮したらどうか?
6 代用	他の場所にしたらどうか?　他の人にしたらどうか? 他の素材にしたらどうか?
7 再編成	要素、配列・配置、順序、パターンなどを 変えてみればどうか?
8 逆転	逆にできないか?　上下・前後を入れ替えられない か?　役割を入れ替えられないか?
9 結合	既存のものやアイデアを組み合わせられないか? 合体できないか?　混ぜ合わせられないか?

組み合わせ(結合)以外にも発想の方法はいくつもある

○

仕事が速い人は

鳥の目で考える

×

仕事が遅い人は

虫の目で考える

寓話に学ぶ「鳥の目」視点

問題の本質を捉え、スピーディに解決策を見つけるためには、「俯瞰視点」を持つことが重要です。わかりやすくいえば、すべての物事を一段高いところから見渡す「鳥の目」で考えるということです。

鳥の目で見るというのは、口で言うほど簡単なことではありません。人は、知らず知らずのうちに「自分視点」「自分の評価基準」に縛られています。要するに、半径2メートルの「虫の目」で考えることが習い性になっているのです。

これを表している『三人のレンガ職人』という有名な寓話があります。昔々、ある町外れの道を旅人が歩いていると、ひとりの男が仏頂面をしてレンガを積んでいる姿に出くわしました。

旅人が「何をしているのですか?」と尋ねると、男の答えは「見ればわかるだろう。レンガを積んでいるのさ。朝から晩までレンガを積むなんて退屈極まりなく、つまらない仕事だ。本当は今すぐ辞めてしまいたいくらいだよ」。旅人は「大変ですね」と声をかけ、その場を立ち去ります。

しばらく歩くと、今度は別の男がせっせとレンガを積んでいます。

「何をしているのですか？」と尋ねると、男は「レンガで大きな壁をつくっているんだ。これが私の仕事なんだよ」と答えます。「大変ですね」と声をかけると、こう言って微笑みます。「まあ決して楽じゃないけど、この仕事のおかげで家族を養っていけるんだ。仕事があるだけありがたいことだよ」

さらに旅人が歩みを進めると、また別の男が楽しそうにレンガを積んでいます。

「何をしているのですか?」と尋ねると、「レンガで教会をつくっているんですよ」との答えが返ってきました。旅人が「大変ですね」と声をかけると、満面の笑みでかぶりを振ります。

「大変だなんてとんでもない！　教会ができたら多くの人が祈りを捧げ、過去の罪を悔い改めることができるようになる。結婚式を挙げる人もいる。私はみんなの未来をつくっているんだよ」

さて、どの男の視点が「鳥の目」であり、最もクリエイティブであると評価できるでしょうか。答えは言うまでもありませんね。

鳥の目で考える習慣をつけよう

仕事が速い人は、自分視点だけでなく、「課長だったらどう考えるか」「部長だったらどう考えるか」「経営者だったらどう考えるか」という一段高い視点を意識しながら思考しています。中には「世界基準で考えると」「社会全体から考えると」といった壮大な視点を持つ人もいます。

たとえば、自分視点では「どれだけ残業をしても目標を達成すれば文句がないだろう」と考えてしまうことがありますが、経営者の視点では「子育てや介護に携わっている人も含めて能力を発揮してもらうためには、残業に頼らない働き方をチームで確立しなければならない」などと考えられるかもしれません。

鳥の目で考えるには、常に、自分自身が自分視点に陥っている事実を自覚することが第一歩となります。そして、「なぜ自分は今、自分視点で考えていたのだろう？」と自分に対して一段高い視点で考察するのです。

そうすることで、広い視野を俯瞰的に眺める習慣が身につくようになります。

高い視点から物事を見る

○ 鳥の目で見る

（例）部長だったらどう考えるか?
経営者だったらどう考えるか?
世界基準で考えるとどうなるか?

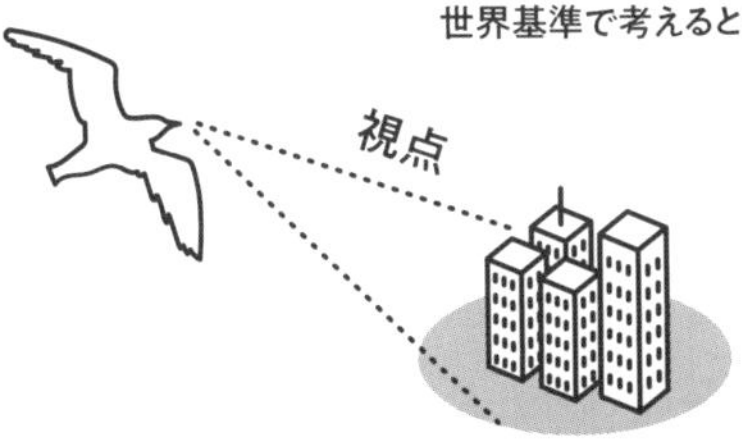

**一段高い視点から考えると
クリエイティブに発想できる**

× 虫の目で見る

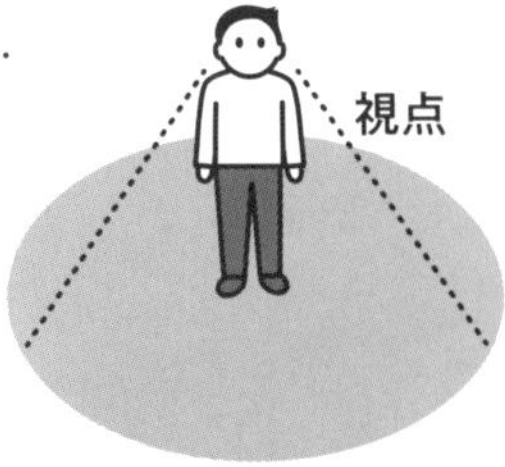

**狭い視野で発想していると
目の前のことしか考えられなくなる**

仕事が速い人は

大まかにメモを取る

仕事が遅い人は

細かくメモを取る

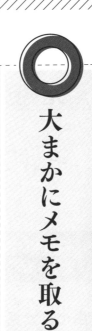

適度な余白が思考を促す

メモを取るときに、スペースいっぱいにびっしりと文字を書き込むタイプの人と、適度に余白を持たせて書くタイプの人がいます。実は、後者のほうが仕事を速く進める才能の持ち主であるといえます。

たしかに、小さい文字で何度も同じ文字を書くと、記憶しやすいという効果はあります。漢字の書き取りなどを思い浮かべるとわかると思いますが、びっしり書くと「頑張った」という充実感も得られます。実際に、そうしたびっしり書く方式の記憶法も提唱されているようです。

しかし、メモをもとに思考やイメージをする場合には、この方法は適しているとはいえません。適度に余白をつくっておいたほうが、思考を促す効果があるのです。

単純に、びっしり書き込んだメモと、適度に余白を持ったメモを比較すると、余白があるほうに読みやすさを感じるはずです。「読みやすい」ということは、脳が情報を理解しやすいという意味でもあります。

余白があることで、読むときに、自分が書いた情報をしっかりと理解することができます。また、余白には間を生み出す効果があるので、情報を精査しながら思考を深められるような感覚も得られます。

たとえば、チラシやカタログを見たときに、すんなり頭の中に入ってくるものと、何を伝えたいのかよくわからないものがあります。適度な情報量が整然とレイアウトされ、適度に余白があると、伝えたい意図が瞬時に理解できます。

また、読み手の思考が促され「このサービスを利用すると、こういうこともできるのか」「これを部屋に置くとすると、生活はこんなふうに変化しそうだ」などとイメージができます。余白があることによって、脳がクリエイティブに働く。これこそが余白の最大の効果であるといえます。

余白は日本の美意識に通じる

誤解のないように付け加えると、重要なのは「適度な余白」であり、ただスペースを設ければいいというわけではありません。スカスカで散漫な書き方をしていると、

なぜメモに余白が必要なのか

○ 余白をつくる

❶ 読みやすく、情報を理解しやすい

❷ 情報を精査しながら思考を深めることが可能

❸ クリエイティブな発想を生み出すことができる

❹ 精神的なゆとりや落ち着きが得られる

× 余白をつくらない

❶ 一度読んだだけでは内容を理解しにくい

❷ 読み解くのに精一杯で思考が深まらない

❸ 新しい発想が生まれにくい

❹ 精神的なストレスを感じる

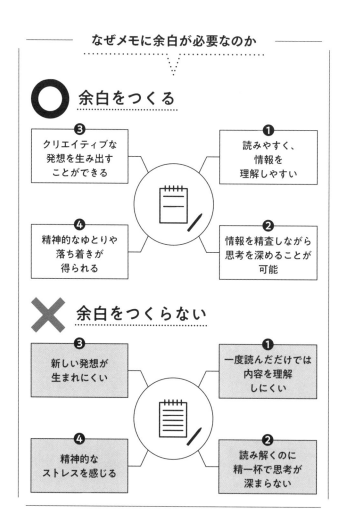

あとで読み返したときにも、焦点がぼやけ、思考が働きにくくなります。余白をつくることが目的になってしまっては本末転倒です。

あくまでも明確な意図のもとに余白をつくる必要があります。自分にとっての「適度な余白」の目安をつかんでおきましょう。

伝統的に、日本人には余白を重んじる独特の美意識があるとされます。書道や絵画などでは、あえて余白をつくることで詩情や余韻が生まれ、目に見えるものの存在感が際立つ効果があります。また、余白は精神的なゆとりや落ち着きをもたらします。

前述の想像力に関連していえば、日本人には「見立て」の美学があります。たとえば、日本庭園には、しばしばこの「見立て」の技法が用いられています。

枯山水では白砂や小石が「水の流れ」に見立てられ、庭全体は宇宙に見立てられているともされます。茶の湯の道具なども景色として見立てられ、それを鑑賞して味わう文化があります。

トップコンサルタントのメモも、こういった見立ての美学につながるものがあります。ぜひ、余白を活用して、クリエイティブなメモづくりにチャレンジしていただきたいと思います。

仕事が速い人は

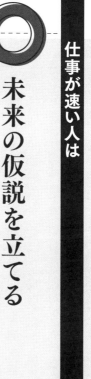

未来の仮説を立てる

仕事が遅い人は

過去の分析をする

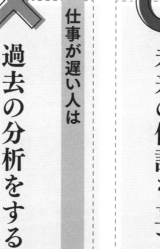

ヒット商品の仮説を考えてみよう

コンサルタントは、クライアントから「売上が落ちている」「収益性が悪化している」といった困難な問題の解決を依頼されます。

このとき、クライアント自身は「○○がネックとなっているから改善してほしい」などと具体的な課題を自覚していません。そのため、コンサルタントはクライアントが抱えている課題を見つけ出し、解決策を導き出すことが求められます。

コンサルタントは問題の出どころを掘り下げ、核心的な課題（イシュー）が何なのかを設定します。これを「仮説」といいます。

仮説をもとに解決策を実行すれば、検証が可能となります。検証して成果が出れば仮説の正しさが証明され、成果が出なければ次の仮説を立てて検証していくことになります。このプロセスを、マッキンゼーでは「仮説思考」と呼んでいます。

仮説思考は、新しい商品を発想する場合にも使えます。

私が行う研修では、「成功した商品やサービスの仮説を考えてみる」というワークに取り組んでいただくことがあります。

たとえば、「ハズキルーペ」というテレビCMなどでおなじみのメガネ型拡大鏡があります。自分がメガネ会社の商品開発担当だったとして、どのような仮説を立てれば「ハズキルーペ」を発想できるか、と考えてみるのです。

- 「小さい文字が見えにくい→老人くさい」というイメージから老眼鏡や拡大鏡に抵抗感のある年齢層（50～60代）をターゲットにすれば需要を掘り起こせる。
- 同世代のスターや30代の芸能人をイメージキャラクターに用いることで、拡大鏡に肯定的なイメージを与えれば、手に取りやすくなる。

こんな具合に、さまざまな商品とサービスを材料に練習するのです。

重要なのは「分析」ではない

重要なのは、なぜ売れたかの「分析」をするのではなく、あくまでも「仮説」を立てるということです。つまり、そのような商品やサービスを開発するためには、どんな仮説を立てたのかを、想像してみるということです。

「分析」と「仮説」は似て非なるものです。過去の成功例を分析し、成功の法則を導き出して模倣することは、方法論として有効ではあります。ただ、変化の激しい現代において、過去の成功例を模倣するだけでは限界があります。

これに対して、仮説を立てる場合は、過去の成功例にとらわれず、未来に向けて「何かを発想する」という創造的な思考を働かせることができます。さらに、「自分だったらどう発想するか」という当事者意識を持てるようにもなります。

もちろん、自分の仮説が正しいとは限りません。仮説はあくまでも仮のアイデアであり、「こうであったらいい」という個人の願望の延長だからです。

ただ、間違いを恐れずに仮説を立てる練習を繰り返すうちに、なんとなく社会の動きや消費者のニーズなどがつかめるようになってきます。これは仮説の確度が高まっている証拠です。

仮説の確度が高まれば、普段の仕事の中でも自然と解決策を発想できるようになります。これが短時間で大きな成果を出すことにつながるのです。

仮説思考と分析思考の違い

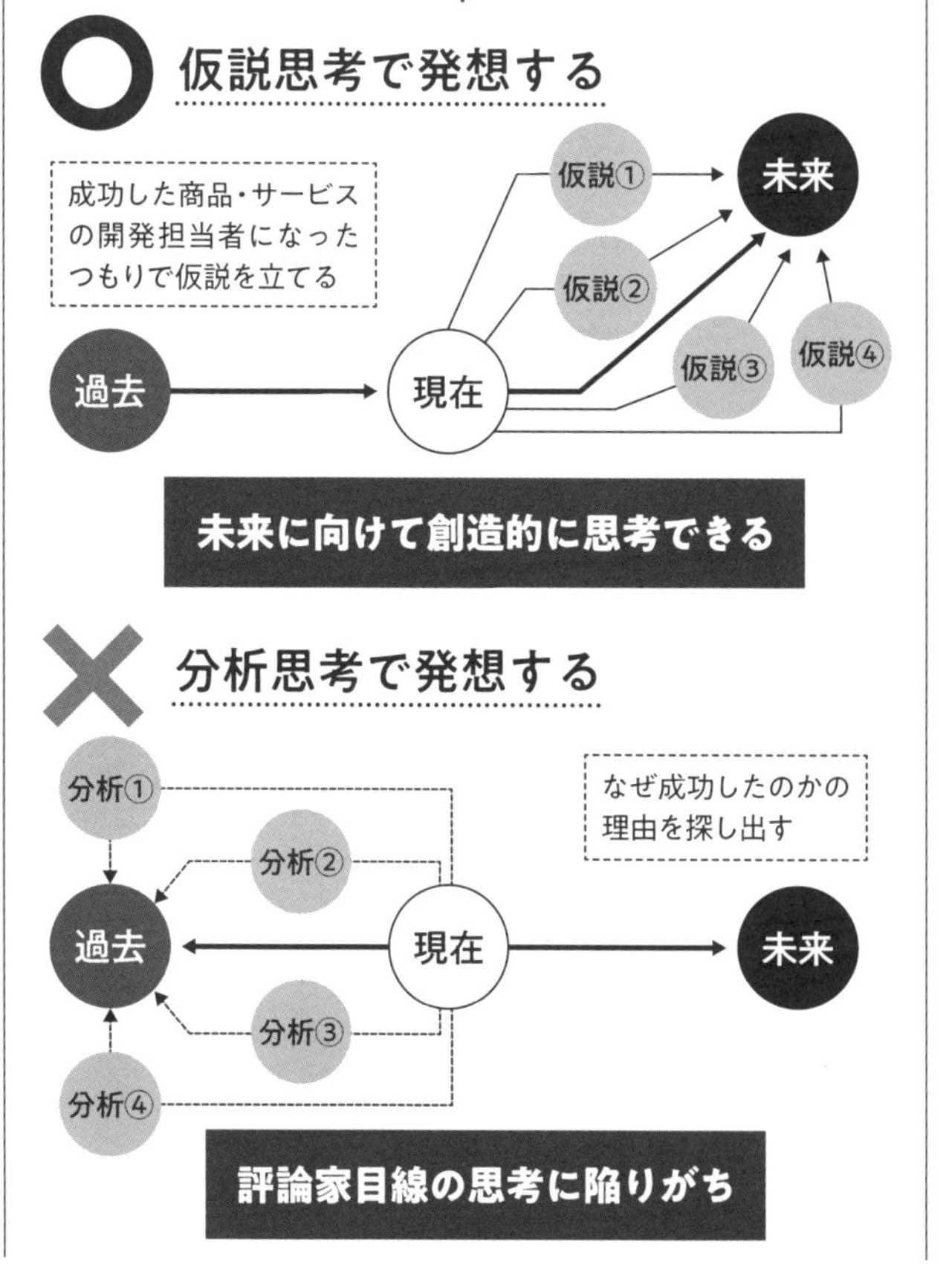
○ 仮説思考で発想する
成功した商品・サービスの開発担当者になったつもりで仮説を立てる
過去
現在
仮説①
仮説②
仮説③
仮説④
未来
未来に向けて創造的に思考できる
× 分析思考で発想する
なぜ成功したのかの理由を探し出す
分析①
分析②
分析③
分析④
過去
現在
未来
評論家目線の思考に陥りがち

仕事が速い人は

原因を探す

仕事が遅い人は

解決策を探す

なぜ解決策に飛びついてはいけないのか

問題解決に向けて発想するときには、「そもそも何が真の問題か」を特定する必要があります。ゼロから考え、「そもそも」に立ち返ることを「ゼロ発想」といいます。では、どうしてゼロ発想をすると仕事が速くなるのか。

わかりやすいたとえとして、インドに伝わる『6人の盲人とゾウ』という寓話をもとにした問題解決の小話をご紹介します。

昔、目の見えない6人の人が旅をしていました。その道中、大きなゾウに行く手を阻まれます。先に進むには、このゾウに移動してもらう必要があります。旅人たちは、それぞれゾウに手を触れました。

足を触ったひとりが「これは大木じゃないか」と言います。耳を触った人は「いや、木の葉っぱだろう」と言い、鼻を触った人は「大きな毒蛇じゃないか」、尻尾を触った人は「太いロープに決まっている」と言います。お互いの主張は、どうにもかみ合いません。

もし、最初のひとりが言うように、道を塞いでいるのが大木であれば、斧やノコギリで切ればいいでしょう。葉っぱや縄であれば、手で取り除けるかもしれません。毒蛇の場合は、おいそれと触れられないので、蛇使いを呼ぶ必要があるでしょう。

でも、実際にゾウに対して上記のような行動を取ったら、すべて失敗するのは明らかです。これは、目先の解決策に飛びつくことの危険性を暗示しています。

もし、彼らが行く手を阻んでいるものがゾウであると特定できたら、「ゾウ使いを連れてくる」「ゾウの好物を与えて別の場所に誘導する」などの解決策を選択できたはずです。

このように、問題が発生したときには、すぐに解決策に飛びつくのではなく、まずは何が真の問題であるかを議論し、明確化することが大切です。真の問題が判明すれば、適切な解決策を取れるようになります。つまり、いち早く成果を出せるのです。

まずは真の原因について議論する

多くの人は、何かの問題に直面したとき、すぐに解決策について議論してしまう傾向があります。人間には問題を速やかに解決したいという本能があるからです。

真の問題を特定する

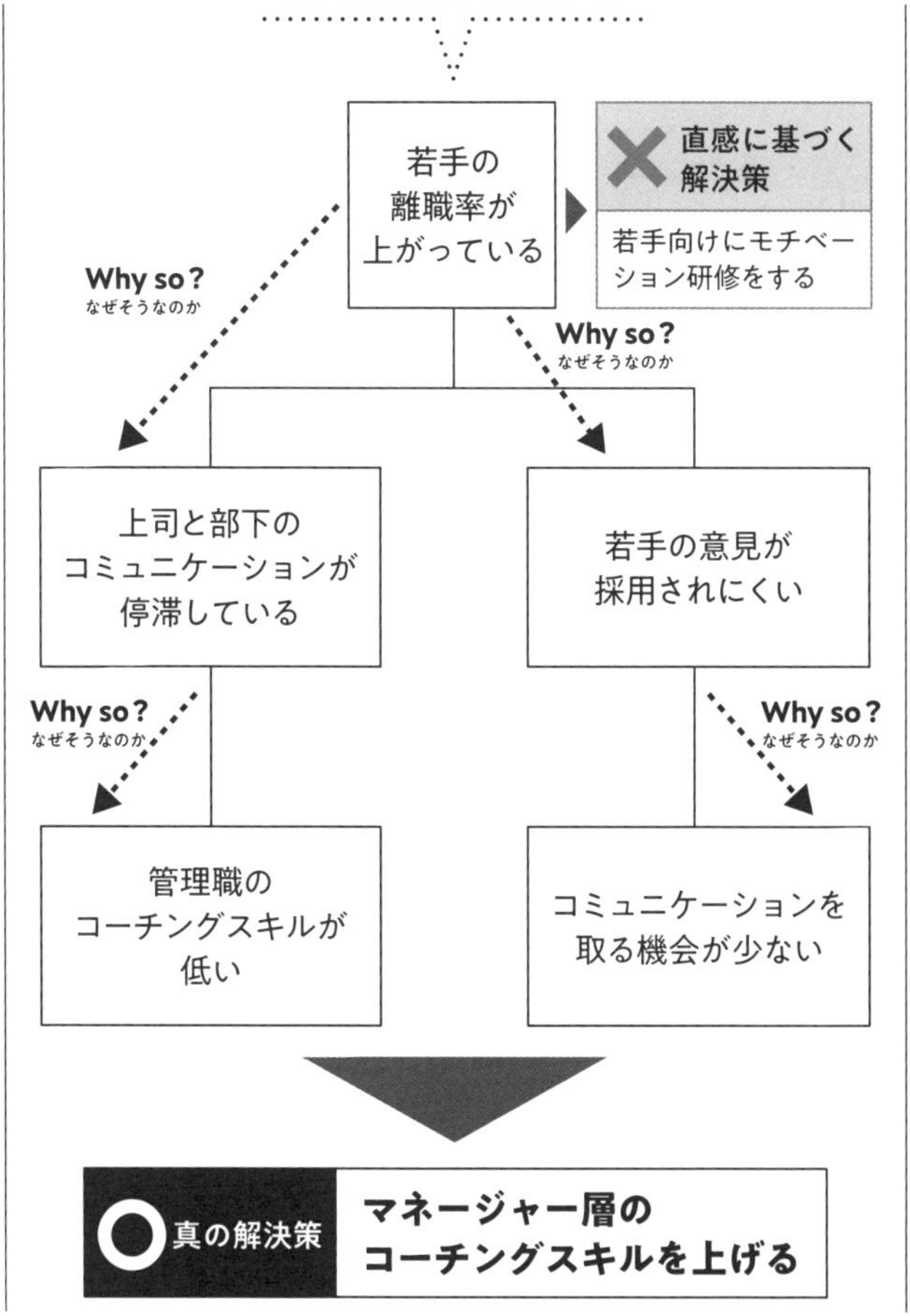
若手の離職率が上がっている
直感に基づく解決策
若手向けにモチベーション研修をする
Why so?
なぜそうなのか
上司と部下のコミュニケーションが停滞している
若手の意見が採用されにくい
管理職のコーチングスキルが低い
コミュニケーションを取る機会が少ない
真の解決策
マネージャー層のコーチングスキルを上げる

たとえば、私たちがお腹が痛くなったときには「何が真の腹痛の原因か」をあれこれ考える前に、とりあえずは鎮痛剤を服用しようと思います。このように、不快な状況をすぐに取り除きたいという本能があるからこそ、私たちは生命の危機から身を守ることができているわけです。

しかし、日常の職場では、そこまで緊急事態が連続して発生しているわけではありません。ですから、解決策に飛びつく前に、いったん立ち止まって「真の原因は何か」を議論する時間を持つべきです。

真の原因を探るためには、まず気になっている問題をノートに1行にまとめ、その問題について原因と考えられることを、どんどん列挙していきます。

たとえば、「若手の離職率が上がっている」という問題に対して、「若手向けにモチベーション研修を行う」という解決策に飛びつくと、往々にして失敗します。ここで「上司と部下のコミュニケーションが停滞している」「若手の意見が採用されにくい状況がある」などの原因を掘り下げていけば、「マネージャー層のコーチングスキルを上げるべき」という解決策が導き出されます。

真の原因を突き止めれば、打つ手を間違わずに済むのです。

The Speed Work Technique

第3章

企画書

○

仕事が速い人は

企画書のフォーマットをつくっておく

×

仕事が遅い人は

企画書のフォーマットはつくらない

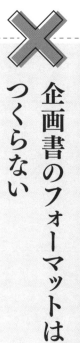

やみくもに書いてはいけない

「新規のプロジェクトを企画し、上司から同意を得たい」
「メンバー全員に納得感のある業務改善の提案をしたい」

このように、職場ではさまざまなテーマや課題について、説得力のあるメッセージを伝えなければいけない場面が多々あります。

ここでのメッセージは、当事者から見て「私は、何を、どうしたらいいの?」ということが明確になっている必要があります。

そこで「企画書」という文書にまとめて提示するわけですが、やみくもに頭の中の情報を企画書に書き出そうとすると、相当な時間を要します。

特に、難しい課題を扱う場合、さまざまな考えが脳内に湧き出てくるため、自分自身でも収集がつかなくなってしまうことがあります。その結果、肝心なポイントを見落としてしまったり、逆に情報にダブりが生じたりする可能性があります。

仕事が速い人は、こうしたモレやダブりのない企画書をつくります。それにより説得力が生まれ、企画の採用率を高め、仕事の質とスピードを上げているのです。

企画書はA4用紙1枚にまとめるのが基本

では、具体的にどのような企画書を書けばよいのでしょうか。

まず、企画書はA4用紙1枚にまとめるのが基本です。なおかつ、どんな企画にも対応できるフォーマット、「型」をつくっておくことが重要です。型というのは、論文でいう「骨子」や書籍でいう「目次構成」に相当します。

最初に型を作成して、その型に当てはめながら企画書を作成するトレーニングをしていきましょう。企画書の型として代表的なのは、「5W2H」のフレームワークです。

- Why：なぜこの企画を提案するのか
- Whom：誰にとってメリットがあるのか

「なぜ」「誰に」は企画書の最も核となる部分であり、重視すべき要素です。企画の目的はすべての前提となるため、どんな企画書でも最初に提示しなければなりません。

- Who：誰が実施するのか
- What：何を実施するのか

「誰が」「何を」は、役割分担を明確にするために必須となります。

- When：いつ実施するのか

ここでは現実的なスケジュールを提示します。

- How to：どんな方法で進めるのか
- How much：コストはどれくらいかかるのか

ここでは投資に対する収益などを記載します。優秀な社員は、「これだけコストを削減できる」「投資を回収できる」といったメリットを強調することで、企画を採用に導いています。

会社によって「型」が定められている場合もあるので、それを探して確認しておくことも大切です。参考となる書籍としては『トヨタで学んだ「紙1枚！」にまとめる技術』（浅田すぐる著／サンマーク出版）などがあります。

企画書の「型」を使うことが習慣化すれば、作成スピードは格段にアップします。

企画書を素早くつくるには

○「型」を活用する

Why	なぜこの企画を提案するのか
Whom	誰にとってメリットがあるのか
Who	誰が実施するのか
What	何を実施するのか
When	いつ実施するのか
How to	どんな方法で進めるのか
How much	コストはどれくらいかかるのか

×「型」を活用しない

長引く景気の低迷で、商品には「安さ」というバリューが求められており、ファッションの分野ではプチプラが市場を牽引しています。……

仕事が速い人は

企画書をお悩み相談にする

仕事が遅い人は

企画書を論理的に書く

企画は「悩み」を解決するためにある

企画書は「型」にのっとって作成することが重要ですが、ただ情報が論理的に網羅されていればよいというわけではありません。

企画は、誰かの「悩み」を解決するためにあります。ですから、まずは相手の「悩みやニーズ」を明確にし、悩んでいることを自覚してもらいます。

そのうえで、「悩みを解消する解決策があります」という相手にとってのメリットを提示すれば、聞き入れてもらいやすくなります。言ってみれば、企画書は「お悩み相談」のようなイメージでつくればよいのです。

相手にとってのメリットは、「バリュー（価値）」という言葉で言い換えることが可能です。バリューは「こんなものがあったらいいのに」「こんな悩みが解消したらいいな」という期待に応えるということです。

たとえば、近年、飲料業界でヒットしている商品に「500ミリリットルペットボトルコーヒー」があります。

もともとコーヒー飲料は、「短時間でリフレッシュするために一気に飲み干す」というイメージがありました。ひと昔前は、自販機の前で、缶コーヒーを片手に一服する男性社員の姿をよく見かけました。

しかし、実は、ビジネスパーソンには仕事をしながらお茶と同じように、時間をかけてちびちびとコーヒーを飲みたいというニーズがありました。「缶コーヒーでは物足りない。もっとたくさん飲める商品があればいいのに」という悩みに応えて登場したのが大容量のペットボトルコーヒーだったのです。

ちなみに、大容量のペットボトルコーヒーは、長時間パソコンに向き合うＩＴ系のデスクワーカーを想定してつくられましたが、味と持ち運びやすさ、パッケージデザインも評価され、今では女性や大学生などからも支持されるようになっています。

「セクシーかどうか」を意識する

マッキンゼーのバリューは、「クライアント・インタレスト・ファースト」。要するに、顧客の利益を最大化することです。私自身、常に顧客の利益を最大化するため、自分が生み出すバリューについて自問自答していました。

仕事においてバリューには、絶対的な正解がありません。バリューは、企画書を作成する当事者だけが見つけ出せるものです。ワクワクできる、ぐっとくる価値を見つけることは本来楽しいことであり、自分のワクワク感や楽しみは、必ず企画を提案する相手にも伝わります。

企画のバリューを意識する、つまり悩み相談を意識することで、何を重視すべきかが見えてくるようになります。

特にマッキンゼーでは「それってセクシーだね」「それはセクシーじゃない」といった会話が交わされる機会が頻繁にありました。日本語に訳すのは難しいですが、あえていえば「ぐっとくる」「引きつける力がある」というニュアンスでしょうか。

同じ企画でも、高いバリューを出せるかどうかを分けるのは「セクシーかどうか」です。前述した大容量のペットボトルコーヒーも、コーヒー飲料に「長時間飲める」「スタイリッシュさ」といった要素を組み合わせたことで成功しました。

悩み相談に応えるときに、こういった斬新なバリューを提供することができれば、企画書は魅力的なものとなります。

企画は「悩みの解決」である

○ 優れた企画書

ステップ1　悩みやニーズを明らかにする

ステップ2　悩みやニーズに応える解決策を考える

ステップ3　ワクワク感や楽しみをバリューとして提示

魅力的な企画書となる

悩みに応えることで受け入れてもらえる

× 悪い企画書

ステップ1　自分が売りたい商品やサービスを明らかにする

ステップ2　伝えるべき情報をピックアップする

ステップ3　論理的に過不足なく伝える

無味乾燥な企画書となる

自分本位な企画はうまくいかない

仕事が速い人は

人のつくった企画書をたくさん見る

仕事が遅い人は

自力でたくさんの企画書を書く

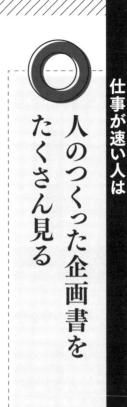

一流に触れれば「見せ方」が身につく

企画書作成には、ある種のアートセンスが欠かせません。「デザインに凝ればいい」という意味ではなく、「ひと目見ただけで、何を伝えたいのかがわかる」見せ方を体得するということです。

アートセンスは、知識からというより感覚で身につけるものです。アートセンスを養うには、解説書などを読むよりも、優れた作品に数多く接したほうが効果的です。まさに「百聞は一見にしかず」です。お手本となるような「いい企画書」をたくさん見れば、企画書のレベルは確実に向上します。

振り返ってみると、私の祖父は美術が大好きで、小さい頃は、美術館などに連れて行ってもらうことがよくありました。祖父は、大規模な美術展などは、目録を見ながら3～4時間かけてじっくり鑑賞するのが常でした。

子どもの集中力というのは長続きしません。そうやって長時間絵を見続けるのは私にとって退屈なイベントでした。帰りにおもちゃを買ってもらえる、という理由でついて行っていたというのが正直な気持ちでした。

ただ、一流の美術作品に触れ続けたおかげで、なんとなくアートを見るときの基準が身についていきました。理屈ではうまく説明できなくても、「これは優れた作品だ」というのがおおよそ理解できるようになったのです。

有名な企画書を見ておこう

マッキンゼーでは、資料のつくり方にも世界共通のノウハウやルールがあります。たとえば、資料に付け加えるチャートの時間軸は左から右に流れるのが基本であり、グラフのデータには必ず因果関係を記載する、チャートのポイントを言い表すリード文を添える、などは絶対的なルールとなっています。

私も、最初から「優れた資料」をつくることができたわけではありません。新人の頃につくったチャートを先輩に見せたら、ことごとくダメ出しされた経験もあります。そして、赤字で手直ししてもらったチャートを見ると、たしかにわかりやすくて断然説得力があるのです。

優れた企画書を見て学ぶ

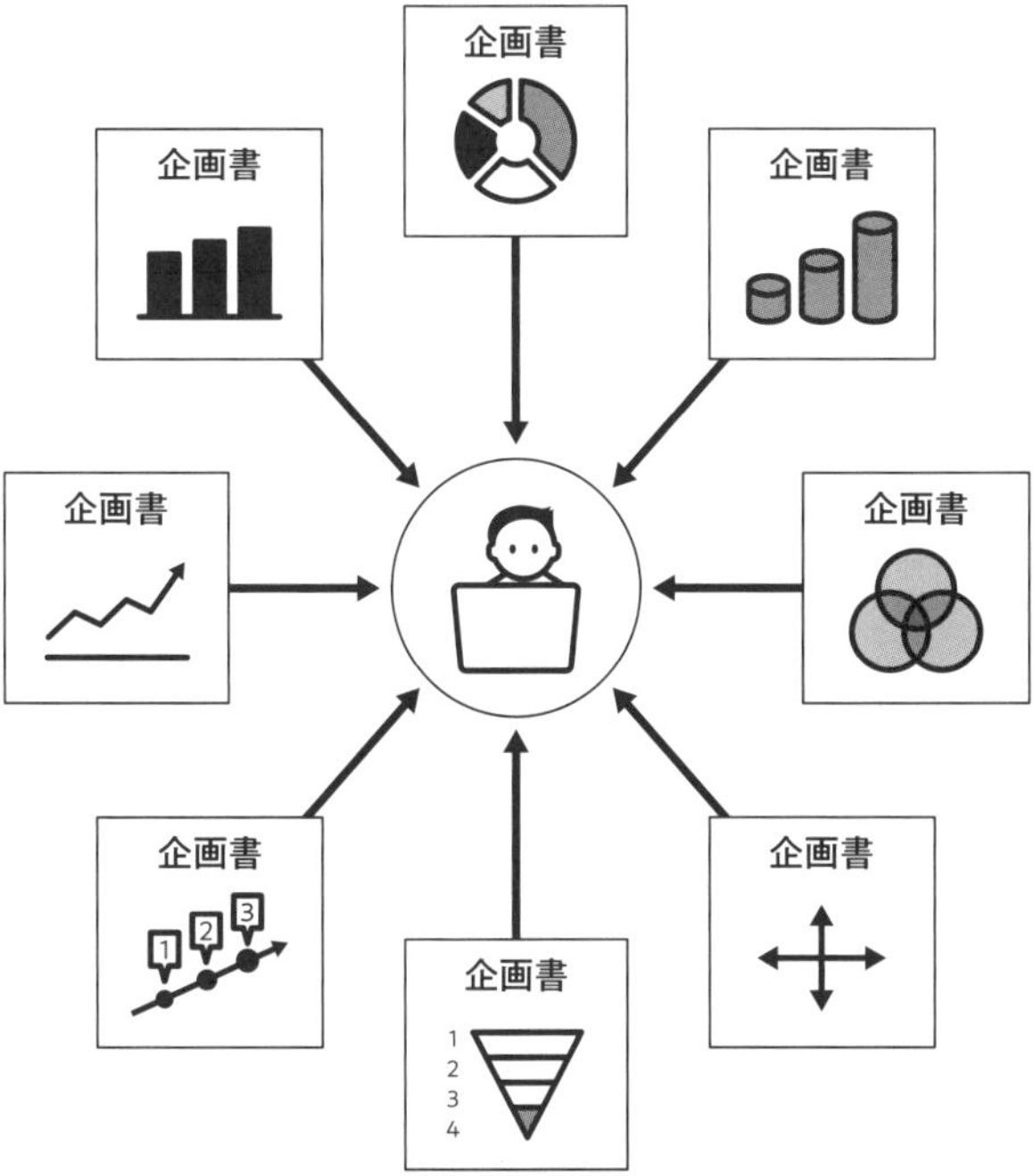

優れた企画書に触れると「見せ方」が身につく

ワードやエクセル、パワーポイントを使えば、誰でもそれなりの資料をつくることは可能です。しかし、ほとんどの資料は、視覚的にごちゃごちゃしていて、何がいいたいのかよくわかりません。

大切なのは、相手にとって一瞬で把握できるような資料になっているかどうかです。ぜひ、身近で成果を出している上司や先輩の企画書をたくさん見てみましょう。そこには、必ず成果を出しているだけの理由があります。

あるいは、企画書を扱った書籍も刊行されているので、それらを参考にするのもおすすめです。たとえば、『新・あのヒット商品のナマ企画書が見たい！』（戸田覚著／ダイヤモンド社）という本は、カルビーの「じゃがビー」やキングジムの「ポメラ」、バンダイの「∞《むげん》プチプチ」といったヒット商品の企画書を掲載するとともに、担当者の生の声をもとにヒットの理由を徹底解明しています。

ほかにも有名なところでは、スープ専門のチェーンである、スープストックトーキョー（Soup Stock Tokyo）を生み出した企画書は物語仕立て、しかもすべて「過去形」で書かれており、共感を強く意識したものとなっています。こういった優れた企画書を見ておいて絶対に損はありません。

仕事が速い人は

主張、根拠、事実がセット

仕事が遅い人は

主張だけで終わる

「ピラミッドストラクチャー」で説得する

企画書をつくるとき、相手にわかりやすく説得力を持って伝えるためのツールがあります。マッキンゼーで使われる「ピラミッドストラクチャー」というフレームワークです。これは、前述した「Why：なぜこの企画を提案するのか」の要素を補強するときに威力を発揮します。

ピラミッドストラクチャーでは、底辺に「事実」が並べられ、その上に「根拠」が積み上げられ、そして頂点に事実と根拠から導かれる「主張」が載せられています。

たとえば、「新商品を開発すべき」という主張を述べるときは、次のような要素で展開します。

【主張】新商品を開発すべき

【根拠と事実】

①市場の魅力度……市場は成長率が高く参入の余地がある

・現在すでに○○億円の市場規模に達している
・今後、毎年○億円程度の成長が予測される
・同様の商品は消費者から好評を得ている

②競争優位性……競合は少なく、圧倒的なシェアを持つ競合も存在しない
・大手はまだ参入していない
・競合のシェアは伸び悩んでいる
・競合は価格で勝負しており、品質で訴求したものはない

③自社の状況……自社の既存の技術を活用できる
・○○の技術は応用可能である
・○○社とコラボレーションができる
・別商品□□の販売ルートを活用できる

MECEを意識する

これをピラミッドストラクチャーに展開すると図（115ページ）のようになりま

す。ピラミッドストラクチャーに展開することで、「なぜこの企画を提案するのか」、ということをロジカルに説得できるストーリーができあがります。

ただ単に、データや事実を羅列して説明するよりも、わかりやすく説得することができるのです。

ポイントは、ひとつの主張につき、根拠を3つにまとめることです。「主張は○○です。その根拠は3つあります」という具合に表現します。さらに、根拠の支えとなる事実を3つずつにまとめていきます。

ここでは、「根拠」を3C（市場〈customer〉、競合〈competitor〉、自社〈company〉）のフレームワークに基づいてまとめています。このように、根拠はMECEを意識してグルーピングすることが重要です。

MECEとは、「ミーシー」または「ミッシー」と読み、「モレなく、ダブりなく」を意味する「Mutually Exclusive, Collectively Exhaustive」の略です。

ここで、論拠が「市場」「顧客」「自社」というものになっていたら、「市場」と「顧客」がダブり、「競合」についての分析にモレが生じます。

モレやダブりがあると、論理が飛躍してしまうので注意しましょう。

ピラミッドストラクチャーを活用する

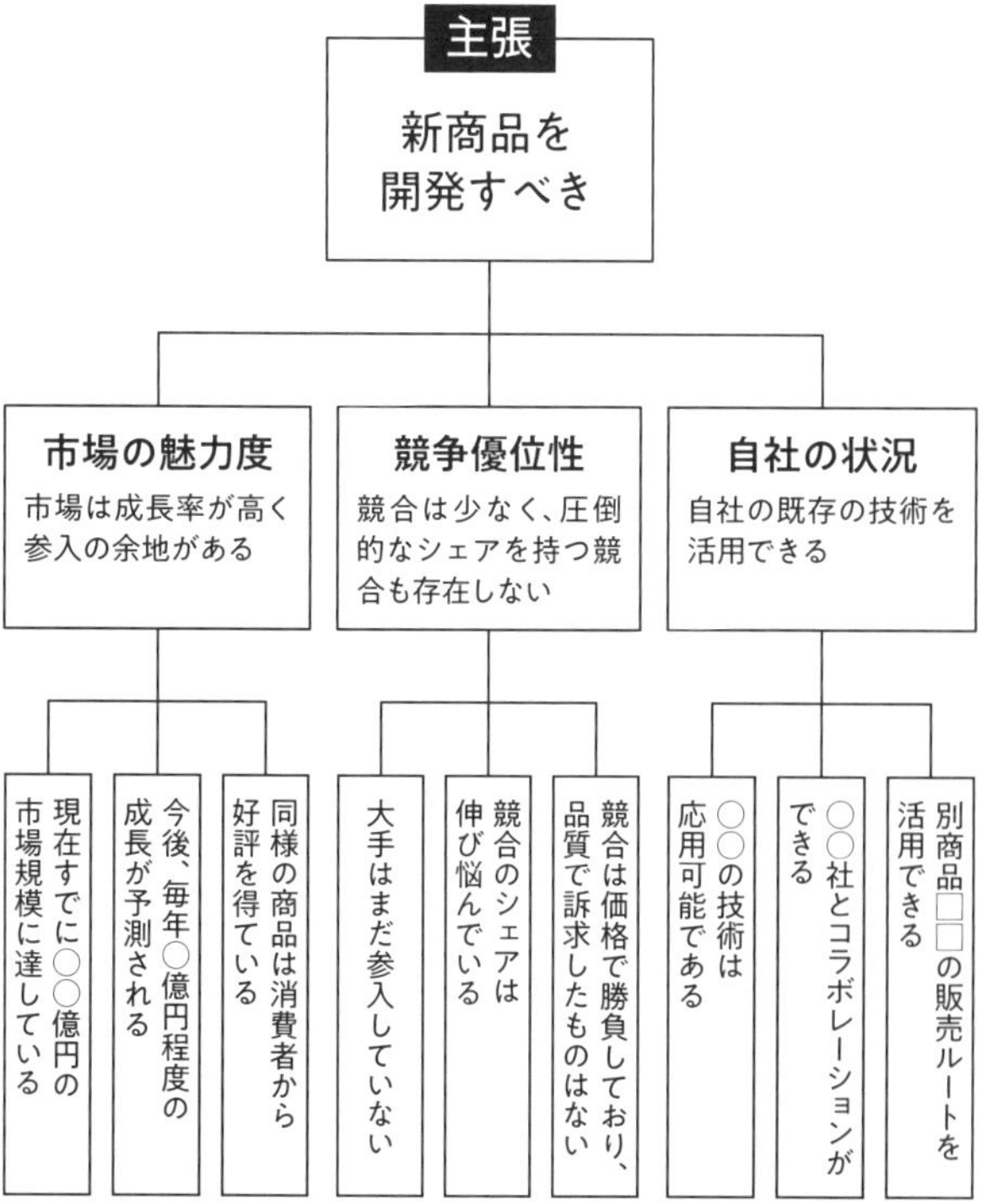
主張
新商品を開発すべき
市場の魅力度
市場は成長率が高く参入の余地がある
競争優位性
競合は少なく、圧倒的なシェアを持つ競合も存在しない
自社の状況
自社の既存の技術を活用できる
現在すでに○○億円の市場規模に達している
今後、毎年○億円程度の成長が予測される
同様の商品は消費者から好評を得ている
大手はまだ参入していない
競合のシェアは伸び悩んでいる
競合は価格で勝負しており、品質で訴求したものはない
○○の技術は応用可能である
○○社とコラボレーションができる
別商品□□の販売ルートを活用できる

ロジカルに説得できるストーリーとなる

仕事が速い人は

企画書にデメリットを書く

仕事が遅い人は

企画書にデメリットを書かない

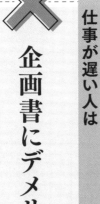

あらゆる企画はリスクを伴う

あらゆる企画には失敗のリスクが伴います。わかりやすい例でいえば、屋外で行うイベント企画には、天候リスクという要素がついて回ります。あるいは「うまくいきすぎた」がためにリスクが生じるケースもあります。たとえば、「商品が売れすぎて供給が間に合わなくなり、企業イメージが損なわれる」などが考えられます。

もちろん「結果は実際にやってみないとわからない」というのは、その通りかもしれません。ただ、企画書を作成する段階でも、リスクを含めたデメリットを明らかにしておけば、リスクが現実になったときのダメージを最小限に抑えることが可能です。

未来のリスクを想定するときに使えるのが「シナリオ分析」というツールです。「シナリオ分析」とは、実行しようとしている企画について「うまくいったときに起こること」「うまくいかなかったときに起こること」をそれぞれ想定し、事前に「対策」を含めてシナリオ化しておくことです。

マッキンゼーには、1930年代に世界恐慌が起きた際、企業再編に向けた合併や買収のシナリオ分析を行ったことで、コンサルティング企業として実績を積み上げていった歴史があります。

それまで一般的だった「過去を振り返って企業を分析」する手法ではなく、「未来に起こりうる可能性を想定して分析」したことにより、不確実な状況下でも結果を出していったのです。

想定されるシナリオと対策を考える

「毎週1回の定例会議を月に1回のオンライン会議に集約する」という企画についてシナリオ分析の例を提示します。ここでは省略しますが、実際には4パターンくらい想定されるシナリオを考えます。

①うまくいった場合

「紙ベースの資料が不要となり、最新のデータを共有できる」

「会議に費やしていた労力が減る」

②うまくいかなかった場合

シナリオと対策を想定する

**毎週1回の定例会議を
月に1回のオンライン会議に集約する**

↓

シナリオ❶ うまくいった場合	シナリオ❷ うまくいかなかった場合
紙ベースの資料が不要となり、最新のデータを共有できる	課題の共有がしにくくなり、かえって生産性が下がる
会議に費やしていた労力が減る	業務をバラバラに進めるようになり、全社としての方向性がブレる

対策❶ うまくいった場合	対策❷ うまくいかなかった場合
社内SNSを利用して配布していた資料を共有する	チームごとのミーティングで課題を共有する機会をつくる
浮いた時間を活用して新規プロジェクトを立ち上げる	社内SNSを利用して最低限の方向性を確認する仕組みをつくる

想定した対策は「緊急かつ重要」なものから実行する

「課題の共有がしにくくなり、かえって生産性が下がる」
「業務をバラバラに進めるようになり、全社としての方向性がブレる」

次に、起こりうるシナリオの対策を考えます。

①うまくいった場合
↓社内SNSを利用して配布していた資料を共有する
↓浮いた時間を活用して新規プロジェクトを立ち上げる

②うまくいかなかった場合
↓チームごとのミーティングで課題を共有する機会をつくる
↓社内SNSを利用して最低限の方向性を確認する仕組みをつくる

想定した対策は、「緊急度と重要度のマトリックス（63ページ）」に当てはめ、「緊急かつ重要」なものから実行します。
このようにシナリオ分析をすることで、企画を確実に成果につなげられるようになるのです。

仕事が速い人は

目利きに相談する

仕事が遅い人は

上司・同僚に相談する

「メンター」から情報を収集する

優れた企画を立てるには、普段から情報収集力を高めておくことが欠かせません。情報はインターネットや書籍などだけでなく、人から直接引き出すことが重要です。

誰にでも入手できるような情報ではなく、特定の人からしか得られないような貴重な情報にアクセスできるかどうかが、企画のオリジナリティを左右します。

仕事が速い人は、周りの「目利き」を通じて定期的に情報収集をしています。医療業界に精通する人、飲食業界に精通する人など、それぞれの分野に精通した目利きから話を聞くと、深い知識を得ることができます。

上司や同僚から情報を得ることにも意味はありますが、職場という限られた世界では引き出せる情報にも限界がありますし、世界観が偏ってしまうリスクもあります。やはり社内に限らず、社外にネットワークを求めておく必要があるでしょう。

私は、「目利き」として情報を提供してくれる以外に、自分を刺激してくれたり、相談にのってくれたりする「メンター」を探しておくことをおすすめしています。メンターとは、自分にとって「よき指導者」「優れた助言者」ともいえるような存在です。

私自身、複数人のメンターを持っています。メンターは業種や職種はもちろん、性別や国籍もさまざま。すでに10年以上親しくしている人もいれば、比較的新しくメンターとなった人もいます。

メンターとなる人の条件

メンターは仕事に関わる場だけでなく、趣味の場などで得られる場合もあります。どこでどんな出会いがあるとも限らないので、あらゆる場においてメンターになり得る人を見つけ出す努力をしておきましょう。ひとりに限らず、複数人のメンターを持っておくのが理想です。メンターには大きく、次のような条件があります。

①専門性を持って成果を出している

どんなに優秀な人でもあらゆる分野に精通しているわけではありません。やはり「餅は餅屋」。専門的な情報を得たいなら、必ずその分野に精通した人をメンターにする必要があります。

②一般論を言わない

「男性は基本的に○○の傾向がある」などと一般論に終始する人ではなく、世間的な常識にとらわれずに独自の考えを主張できる人が望ましいでしょう。

③直感に優れている

先入観を持たないだけでなく、すばやく問題の本質を見極めて指摘できるような人はメンターにもってこいの人といえます。

一言で言うと、気づきや成長を促してくれる人であるということです。

どうしてもメンターが見つけにくい場合は、コーチなどのプロフェッショナルに頼る方法もあります。この場合はコストがかかりますが、確実なヒントや情報を得ることはできるはずです。

メンターに相談するときには、正直で素直な態度を心がけましょう。また、「私はこんなふうに考えているのですが、どうでしょうか」などと、自分なりの仮説をもとに相談することも意識してください。そうすれば、漠然と相談するときよりも情報やフィードバックを得られやすくなります。

複数のメンターを持つことが理想的

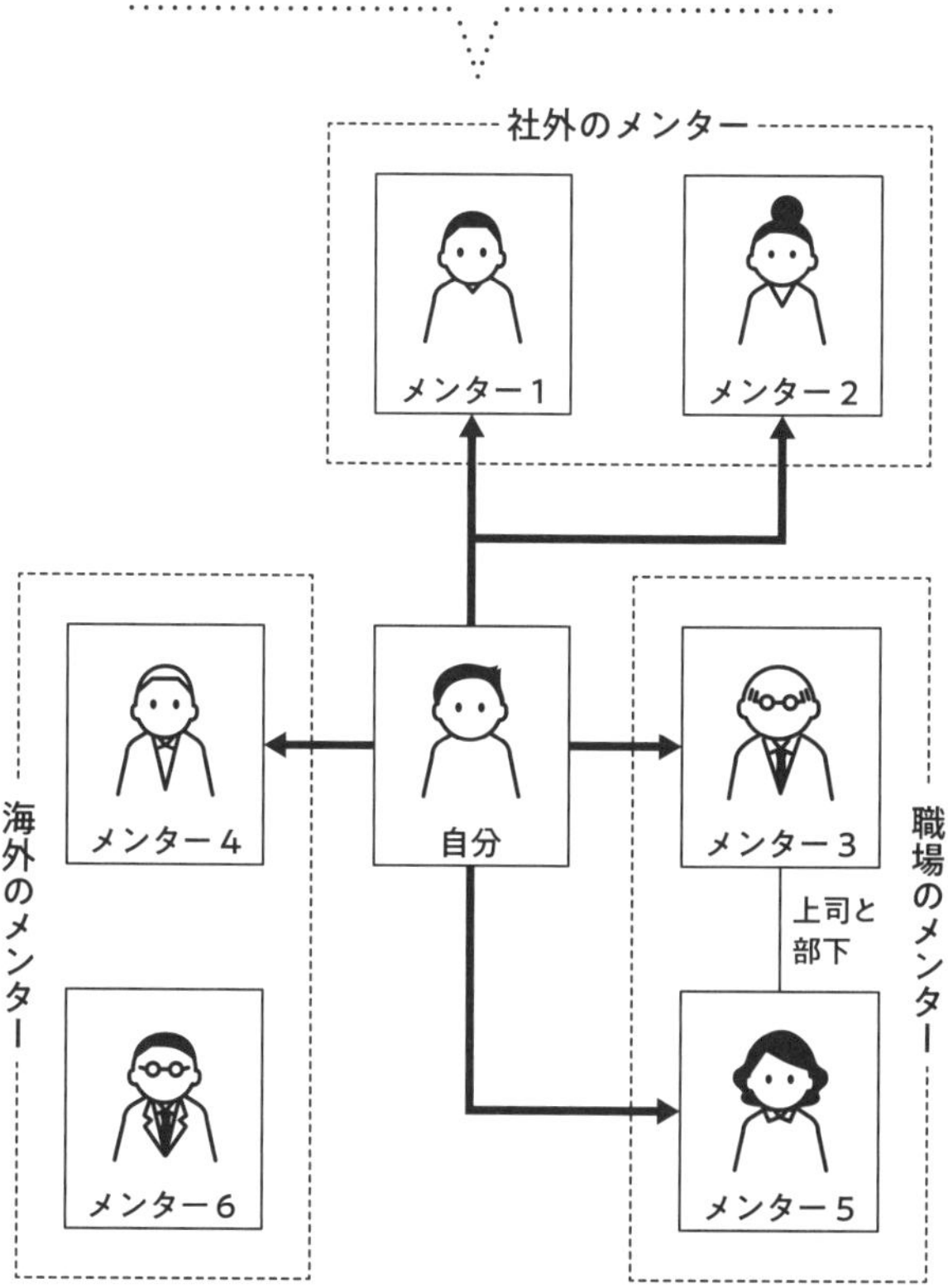
社外のメンター
メンター1
メンター2
海外のメンター
メンター4
自分
メンター3
職場のメンター
上司と
部下
メンター6
メンター5

幅広くメンターをつくっておくとよい

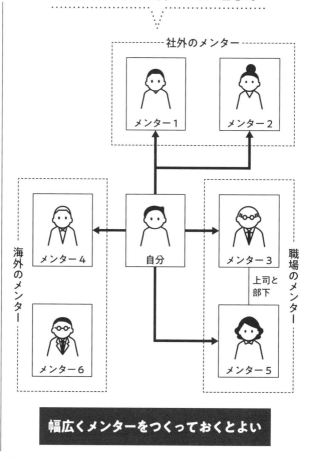

The Speed Work Technique

第4章

会議

仕事が速い人は

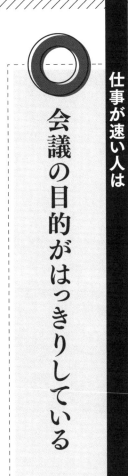

会議の目的がはっきりしている

仕事が遅い人は

会議の目的がはっきりしていない

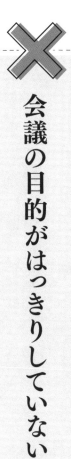

なぜムダな会議が増えてしまうのか

職場で仕事をするうえで、人が集まってさまざまな議題について話し合う会議やミーティングは必要不可欠です。会議はアイデア出しやモチベーションアップのよい機会となり、仕事の質とスピードを確実に高めます。

しかし、最近は多くの職場で会議を削減する流れが加速しています。それだけ非効率でムダな会議が多く行われているということでしょう。

ムダな会議では、会議がスタートしてからゴールを決めたり、参加者からゴールを提案してもらったりする光景が見られがちです。その結果、いたずらに時間だけが過ぎていくパターンに陥ります。

また、社内SNSで共有できるような報告事項でほとんどが占められるなど、生産性の低い会議もありがちです。

参加者側にも問題があります。参加者の中には、自分の主張の正しさにこだわり、意見が異なる人を論破することに注力する人もいます。こうなると他の参加者は「また始まった……」などと苦々しく思いながら、ガマンの時間を過ごすことになります。

あるいは、単に話したいという欲求が強いあまり、テーマとは無関係な話を長々と続ける人や、他の参加者と同じ意見をわざわざ繰り返すなど、場に貢献する意識が低い人もいます。

心のどこかで、そういった状況に不満を覚えながら「会議とはそういうものだ」などと自分たちを納得させ、惰性で会議を続けてしまっている職場もあるのです。

事前の周知でムダのない会議に

短時間で成果を出す会議を行ううえで、第一の条件となるのは「目的を明確にすること」です。

まず、会議を主宰する人は、事前に会議の参加者に「会議の目的」と「ゴールイメージ（会議で達成したいこと、なっていたい状態）」を周知させておきましょう。

若手社員や、はじめて一緒に仕事をする参加者がいる場合は「参加を求める理由」を伝えておきます。

ムダのある会議・ない会議の違い

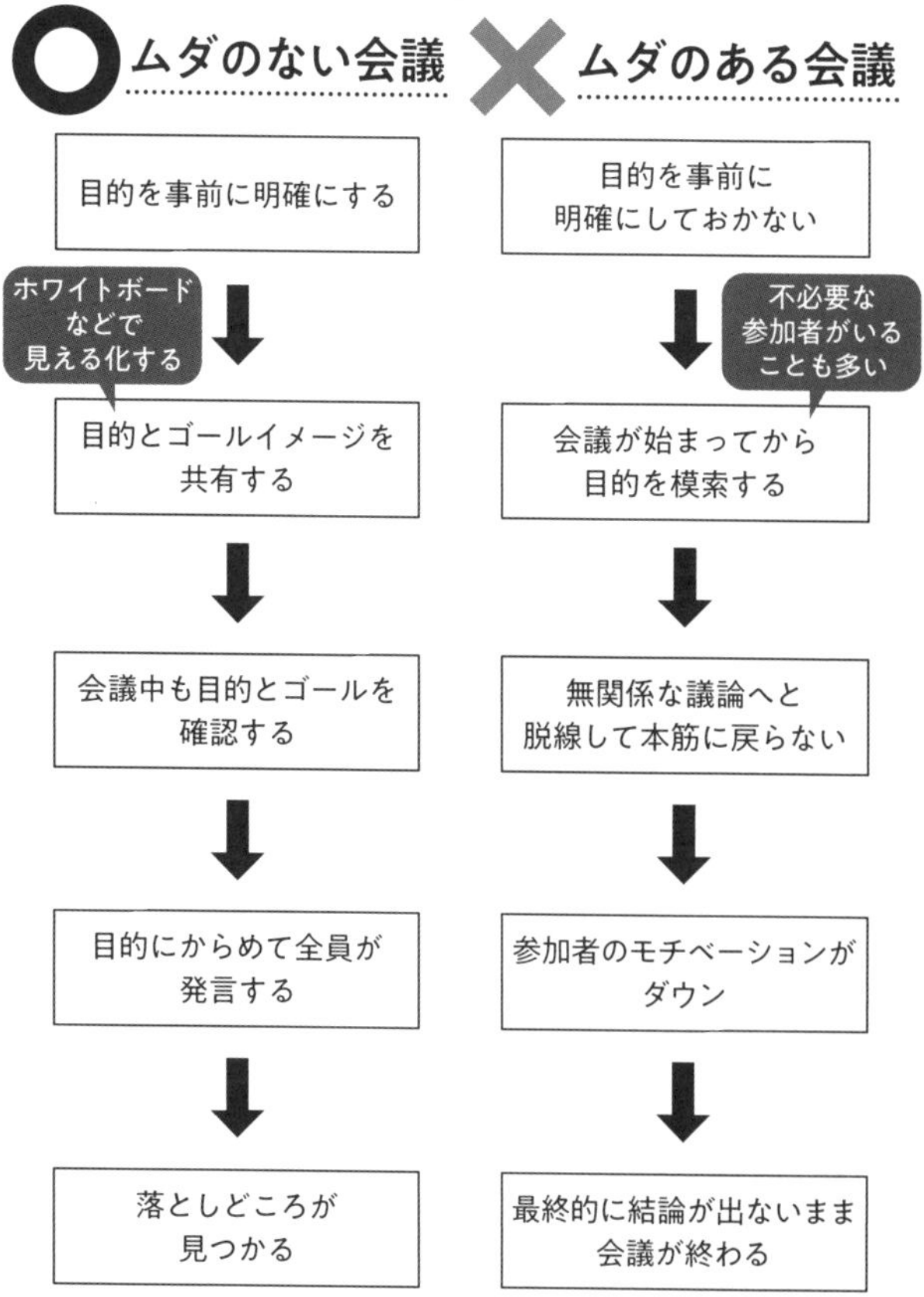
ムダのない会議
目的を事前に明確にする
ホワイトボードなどで見える化する
目的とゴールイメージを共有する
会議中も目的とゴールを確認する
目的にからめて全員が発言する
落としどころが見つかる
ムダのある会議
目的を事前に明確にしておかない
不必要な参加者がいることも多い
会議が始まってから目的を模索する
無関係な議論へと脱線して本筋に戻らない
参加者のモチベーションがダウン
最終的に結論が出ないまま会議が終わる

もっとも、事前に目的とゴールを周知させていても、いざ会議が始まると話が脱線し、本来の目的とは別の方向で盛り上がってしまう恐れがあります。

そのため、会議を開始するにあたってホワイトボードなどに会議の目的とゴールイメージを大書しておくことをおすすめします。目的とゴールイメージは、簡潔に一文で書くのが基本です。オンライン会議の場合も、この一文をモニターに提示するなどしましょう。

主宰者は、会議中にも話題が目的とゴールから逸れていないかを常に確認します。仮に、議論がズレている場合は、改めて前述の一文を示しながら「この会議の目的は何でしたか?」などと問いを投げかけ、軌道修正を行います。

チームでこうした訓練を積み重ねるうちに、目的に向けて自分がどのように貢献すればよいのかという視点で発言できるようになります。ラグビーでいうところの“One for all, All for one”のような発想が身につくということです。

そして、一人ひとりが簡潔に結論から話し、不必要にテーマから脱線しないことがスタンダードとなり、あえていわれなくても自動的に落としどころを見つけながら発言できるようになるのです。

○

仕事が速い人は

会議時間を30分に設定

×

仕事が遅い人は

会議時間を1時間に設定

時間があるとムダが増える

会議というと、なんとなく「1時間」という単位を基本にしている企業が多いようです。けれども、「なぜ1時間なのか」と問われると明確に答えられる人は少ないのではないでしょうか。明確な根拠があっての1時間ではなく、「もともとそうなっているから」というだけで安易に会議時間を設定しているのです。

イギリスの歴史・政治学者であるC・N・パーキンソンが著書の中で提唱した『パーキンソンの法則』と呼ばれる法則があります。ここには、仕事とお金に関わるふたつの法則が提示されています。

第1法則：仕事の量は、完成のために与えられた時間をすべて満たすまで膨張する

第2法則：支出の額は、収入の額に達するまで膨張する

要するに、人は時間やお金を与えられると、すべて使いきる傾向があるということです。会議も1時間あると、その時間を埋めようとする意識が働き、議題とは無関係な自慢話や愚痴などが続いてしまうのです。

ですから、会議は30分を基本にするのが理想です。あるいはもっと短くできるかもしれません。私が知る経営者のひとりは「会議は5分以内で終わらせる」と語っていました。

30分以内で会議を終えるには、「10分でひとつの議題」のように、議題ごとに時間を区切っておくことが有効です。また、参加者を必要な人だけに絞っておくことが肝心です。今は、オンライン会議の比重が高まってきたため、社内外・あるいは国内外を問わず、必要な人を会議に招集できる環境が整っています。

議題に関係のある人だけを参加者とし、全員参加を原則とする会議は廃止するなどの思い切った措置をとりましょう。

「エレベーターテスト」をしてみよう

参加者個人によるスキルアップも不可欠です。同じ「30分」の会議でも、ひとりが5分にわたって話をしたら、計算上は6人しか発言できなくなります。もし参加者全員に1分以内に話すスキルが身についていれば、もっと議論が深められるはずです。

そこでぜひ試していただきたいのが「エレベーターテスト」と呼ばれる短時間のアウトプットです。これは、エレベーターで移動しているような30秒程度の短時間に、ワンセンテンスで相手に主張を伝えきるというものです。

30秒というと一瞬で過ぎてしまうように思えますが、知らない人と無言でエレベーターに乗り合わせる時間を思い浮かべればわかるように、実は30秒は情報を伝える時間としては意外に長いものです。

テレビCMが1本15秒で制作されていることからもわかるように、15秒もあれば相当な情報が伝達できます。ましてや1分ともなれば、「問題点＋解決策＋実施方法」まで伝えきるのに十分だといえます。

普段から家族や友人、同僚などを相手に「エレベーターテスト」のトレーニングをするのもよいでしょう。

エレベーターテストの応用として、会議に参加する際、あらかじめ議題ごとに「問題点＋解決策＋実施方法」を踏まえた主張を参加者が付箋に書き出し、それをホワイトボードなどに貼ったうえで議論を進める方法もあります。

30秒、1分で簡潔に発言できるようになれば、会議時間の短縮につながります。

「会議は短く」が基本

○ 30分の会議

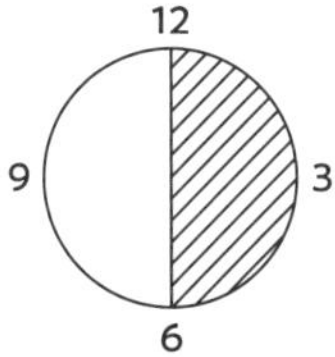

12
3
6
9

そろそろ結論をまとめます
充実した議論だったな…

○全員が簡潔に発言する
○必要な人だけが参加する

× 1時間の会議

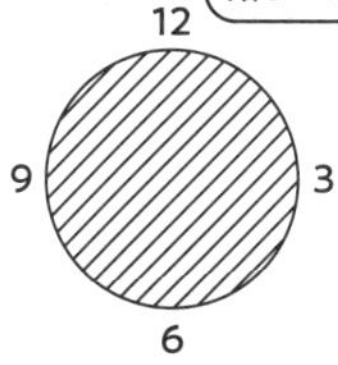

12
3
6
9

昨日の飲み会でさー
また自慢話が始まったよ…
早く帰りたい…

○惰性で1時間に設定している
○無関係な話で時間を埋めようとする

仕事が速い人は

会議で雑談をする

仕事が遅い人は

会議で雑談をしない

「チェックイン」で近況を報告する

前述したように、会議は「1回30分」などとコンパクトに行うのが原則です。ただし、時間の短さだけを追求するのは間違っています。ただ仕事が速いだけではなく、成果を出す必要もあるからです。速さを重んじるあまり会議の簡略化が目的化してしまったのでは本末転倒です。

実は、会議の冒頭には5分程度の時間を使って議題とは無関係な「雑談」をしたほうが、結果的に会議の質が上がります。私自身、ミーティングやコーチングをするときには、かならず本題に入る前に、参加者に向かって「最近、調子はどうですか?」というような質問を投げかけるようにします。質問をきっかけにちょっとした会話を交わすのです。

この雑談を、専門用語では「チェックイン」といいます。チェックインを身につけている人が揃っている場では、私が「まず、チェックインしましょう」と言うと、当たり前のようにひとり30秒程度で近況報告をしてくれます。全員のチェックインが終わったあと、速やかに本題に入るのです。

チェックインの話の中身にはこだわりません。現在気になっていること、最近身の周りで起きた出来事などを話します。仕事に限らず、プライベートに言及するのもOKです。たとえば、次のような話をします。

「今年の夏は、ハワイに行きたいと思っているんです」

「今日はちょっと家族とケンカをしちゃって、反省しています」

話を聞く側は、話の内容についていちいちアドバイスをしなくてもいいのです。せいぜい「へえ、そうなんですね」「大変だー」「いいですね」などと軽くリアクションする程度で十分です。

ときどき話が盛り上がって5分以上経過する場合もありますが、それでもチェックインはしておいたほうがいいと思います。

お互いに認め合う機会をつくろう

チェックインをすると、適度に肩の力が抜けて話しやすい雰囲気が生まれます。そ

会議前のチェックインは必須

○ 最初にチェックインをする

冒頭で雑談

昨日
ジョギングを
しました
今朝は
早起き
しました

↓

参加者の気持ちが整う

↓

議論に集中する

↓

会議の生産性が上がる

× 最初にチェックインをしない

いきなり本題に入る

↓

参加者の緊張がほぐれない

↓

議論に集中できない

ご意見
ありますか？
うーん…

↓

会議の生産性が下がる

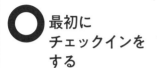

れにプラスして、不思議なことに参加者の気持ちが整い、議論に集中できるようにもなります。たとえるなら、楽器を演奏する前にみんなでチューニングをするようなイメージでしょうか。

おそらくメソッドとしての「チェックイン」を知らなくても、無意識のうちに似たようなことをしている人は少なくありません。たとえば、優秀なセールスパーソンなどは、本題に入る前にちょっとした雑談をするのが習慣化しています。あれもまさしくチェックインといえます。

職場では、会議の前にチェックインを行うだけでなく、参加者同士がお互いに認め合うためのミーティングを開催してもいいと思います。参加者一人ひとりに対して、他の参加者が3分ほどで「よいところ」や「感謝していること」を伝えます。

最近では、社員同士が感謝の言葉と「ピアボーナス」（給与やその他のインセンティブとして還元されるポイント）を贈り合うITサービスの「Unipos（ユニポス）」に注目が集まっています。このように職場のメンバー同士がお互いに認め合えば、チームの結束が強固なものとなります。結果的に会議の生産性が上がり、チーム全体で仕事を速く進められるのです。

仕事が速い人は

ファシリテーターを重要視する

仕事が遅い人は

参加者の意識を重要視する

会議で重要なのは「心理的安全性」

会議は大きく「プロセス」と「コンテンツ」というふたつの要素に分かれます。コンテンツとは会議の中身であり、議論する内容を意味します。一方、プロセスとは会議をする場所や雰囲気、参加者の態度や会議の進め方など、会議の内容以外の要素を意味します。

簡単に言うと、「プロセスがよい会議」とは、参加者同士の関係性がよく、信頼し合っている状況で行われる会議を表します。

会議では、往々にしてコンテンツに注目が集まりがちですが、実は重要なのはプロセスです。それはプロセスに問題がある会議を想像すればよくわかります。たとえば、参加者同士の上下関係が強すぎると、発言を萎縮させる空気が生まれ、素朴な疑問や違和感を表明することすら難しくなります。結果、ありきたりな発言に終始し、肝心の問題解決が後手後手に回ってしまうのです。

重要なのは会議の場に「心理的安全性」を確保することです。心理的安全性とは、職場内で安心して自分が思ったことを発言したり行動できたりする状態のこと。グーグル社が、心理的安全性を高めることがチームのパフォーマンスの向上につながるという調査結果を発表して以来、世界的に注目が集まるようになった概念でもあります。

もちろん日本と海外では議論の進め方にも違いがあり、どうしても日本人は批判的な発言をされるとショックを感じる傾向はあります。その点で海外とは「心理的安全性」の意味合いが多少異なるでしょうが、素朴な疑問や違和感を安心して言い合える環境は非常に重要だと思います。

ファシリテーターとして議論を盛り上げよう

会議のプロセスを向上させるうえで、ファシリテーターが果たす役割には非常に大きなものがあります。ファシリテーターとは会議の進行役のこと。最初はチーム内で得意な人に任せてもよいのですが、できればチーム全員が輪番制でファシリテーターを担い、全員が会議進行のスキルを身につけておくのが理想的です。

有能なファシリテーターは場の空気を俯瞰的に把握しています。そのうえで、全員のワクワクした気持ちを維持しつつ、議論を進めていきます。

私が研修で会議のスキルについてお話しするときには「会議を回すのがうまい人は場を見て、会議を回すのが下手な人は内容を見る」と説明することがあります。極端にいえば、重要なのは交わされている議論の内容よりも、場の空気がどのように変化しているかです。場の空気がよければ、会議ではゴールに着地できる可能性が高まるからです。

そこでファリシテーターは、場の空気をよくするための働きかけを行います。たとえば、参加者の思考が一方向に偏りそうな空気を感じたときには「それって本当に大事なことでしょうか?」「今、率直にどう思っていますか?」などの質問を投げかけます。

あるいは、参加者同士がピリピリしているときには「今、どういう雰囲気でしょうか?」などと問いかけます。

対立が起きること自体が悪いわけではありません。「今対立が起きていること」を自覚させることで参加者は冷静さを取り戻します。そのうえで、「どうしたら楽しい結論が出せそうでしょうか?」などと空気の転換を図ります。こういった場をつくることにぜひチャレンジしてみてください。

ファシリテーターの役割

役割❶
心理的安全性を確保する
いい意見ですね!
役割❷
司会進行をする
それでは、○○について話し合いたいと思います
役割❸
場の空気をよくするための働きかけをする
どうしたら楽しい結論が出せそうですか?
それって本当に大事なことですか?
今、率直にどう思っていますか?
役割❹
結論をまとめる
それでは議論を整理したいと思います

ファシリテーターの働きかけが会議を左右する

仕事が速い人は

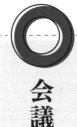

会議を可視化する

仕事が遅い人は

資料を充実させる

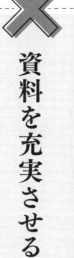

ホワイトボードに書き出してみよう

会議を進めるときには、議論している内容をホワイトボードなどに書き出しましょう。議論を可視化すると、構造的・俯瞰的に理解できるようになります。それによって、ヌケモレしている要素が見つかったり、結論が見えやすくなったりする効果があります。

特に、フレームワークを活用して書き出すと、議論を可視化しやすくなります。ここでは、可視化しやすいフレームワークをご紹介します。

ひとつは、「Where」「Why」「How」の3要素に分けて情報を整理する方法です。「Where」では問題のありかを書き出します。たとえば「○○の売上低迷」という問題を議論しているときには、「20～30代の売れ行きが減少」「リピート率の低下」などを挙げます。

すると、「Why」（原因）では「ネットでの訴求不足」「UI（ユーザーと製品・サービスの接点）の質が低下」などの要素が挙がります。そして「ネット販促の強化」「デザインのリニューアル」といった「How」（対策）を導き出すことができます。

このように、3つの要素に分けて可視化することで、参加者も思考を整理しながら議論ができるようになるのです。

「空・雨・傘」に分類する

もうひとつは、マッキンゼーで問題解決をするときによく使われる「空・雨・傘」と呼ばれる思考法です。

出かける前に空を見上げると、今にも雨が降りそうな雲行きです。そこで傘を持って外出した結果、雨が降ってきたときに幸いにも濡れずに済みました。

この一連の出来事は空、雨、傘に分類できます。

「空」は、客観的な事実を示しています。「空に黒い雲が広がっている現状」は、自分の目で確認した事実です。

「雨」は、事実が何を意味しているのかという解釈です。「空はどんよりしていて今にも雨が降り出しそうだ」というのは、事実に基づいた解釈です。ここでは先入観に

会議の内容を書き出そう

(例1)「Where」「Why」「How」の3要素で整理

Where (問題のありか)	Why (原因)	How (対策)
・20〜30代の売れ行きが減少 ・リピート率の低下	・ネットでの訴求不足 ・UI(ユーザーと製品・サービスの接点)の質が低下	・ネット販促の強化 ・デザインのリニューアル

(例2)空・雨・傘で整理

空	雨	傘
客観的な事実	事実に基づいた解釈	事実と解釈を踏まえた解決策
空に黒い雲が広がっている	空はどんよりしていて今にも雨が降り出しそうだ	傘やレインコートを持参する 出かけずに家で過ごす

フレームワークを使うと
会議の内容を「見える化」しやすい

とらわれず解釈することが大切です。

「傘」は、事実と解釈を踏まえて実際にとるべき行動、つまり解決策に相当します。傘やレインコートを持参すれば、雨に濡れるのを回避できます。あるいは、今日は出かけずに家で過ごすという判断も解決策のひとつです。

マッキンゼーの会議では、「空・雨・傘」の傘（結論）の部分までセットで発言しなければならないという空気感が共有されていました。仮に、空（事実）の要素だけを述べて発言を終えたようなときには、「だから何なの？」「それはすでに私たちが共有している事実でしょ？　結局何を主張したいの？」と指摘されることになります。あるいは、突拍子もない主張をしたときには「それには根拠があるの？」と鋭く問われてしまいます。

そうやってロジカルに発言する習慣が身についているので、コンサルタントは、直感的に考えたときには「これは直感ですが……」などと前置きせずにいられません。

いずれにせよ、「空・雨・傘」も視覚化することで、発言の内容を整理できます。これを繰り返しておくと、普段人の話を聞くときにも「事実」と「意見」に分解して理解できるようになります。

○

仕事が速い人は

会議を振り返ってから終える

×

仕事が遅い人は

結論が出たら会議を終える

拡散と収束を見極める

会議には「拡散」と「収束」という段階があります。「拡散」は、いろいろなアイデアが出て議論が広がりを見せている状態であり、「収束」はひとつの論点や主張に絞り込んで議論を深めている状態です。

ファシリテーターは、会議が「拡散」の段階にあるのか「収束」の段階にあるのかを読み取り、最終的な落としどころを探っていく必要があります。

たとえば、議論が広がっているときには「ここで論点を絞るとすれば、どれが適切でしょうか?」などと問いかけて議論を整理します。反対に煮詰まっているときには「そもそも何が大事でしょうか?」などと問いかけ、深い思考を促します。

基本的に、会議は放っておくと拡散する傾向があるので、収束に重点を置くのがポイントです。

会議が終盤にさしかかったときには、議論を通じて導き出されたアウトプットを確認します。そこでは必ず同意を取ることを意識しましょう。「では、みなさん、この結論で本当によろしいですね」などと呼びかけ、参加者の同意を得ます。

そして最後に「誰が、何を、いつまでにするのか」といった決定事項を共有します。

このように、ファシリテーターは会議が無事に着地できるよう、場の空気をリードしていくのです。

会議の「振り返り」を行う

可能であれば、毎回でなくてもかまわないので、最後の5分程度で会議全体の「振り返り」を行っておくとよいでしょう。

前述した「チェックイン」に対して「チェックアウト」という言葉があります。チェックアウトとは、会議を終える前に、今回の会議の評価、課題、反省点などを短時間で話し合うものです。

私の知る限り、ほとんどの企業でチェックアウトを行っていないのですが、会議の質を向上させるうえでは重要な作業といえます。

参加者に会議を振り返ってもらうと、次のような感想が寄せられます。

「今日はいい雰囲気で活発な議論ができましたね」

「私はちょっと批判的な態度だったと反省しています」

「あまり集中できませんでした」

それを受けて、「次の機会にはどのように関わればよい会議になるのか」について発表してもらいます。次回の会議は、参加者全員が振り返りを意識しながら参加するので、確実に会議の質が向上します。

あるいは、会議中に振り返りを行うのもひとつの進め方です。146ページで述べたように、ファシリテーターが「今、みなさんの雰囲気はどうですか?」と問いかけるのは振り返りの一種です。

あるいは、次のような言葉をかけるのも有効です。

「ニュートラルなスタンスで参加していますか?」

「自分の判断をいったん脇において考えていますか?」

「問題は明確になってきていますか?」

適宜、振り返りの機会をつくることで、参加者と一緒に会議のゴールを目指していきましょう。

会議をまとめて振り返る

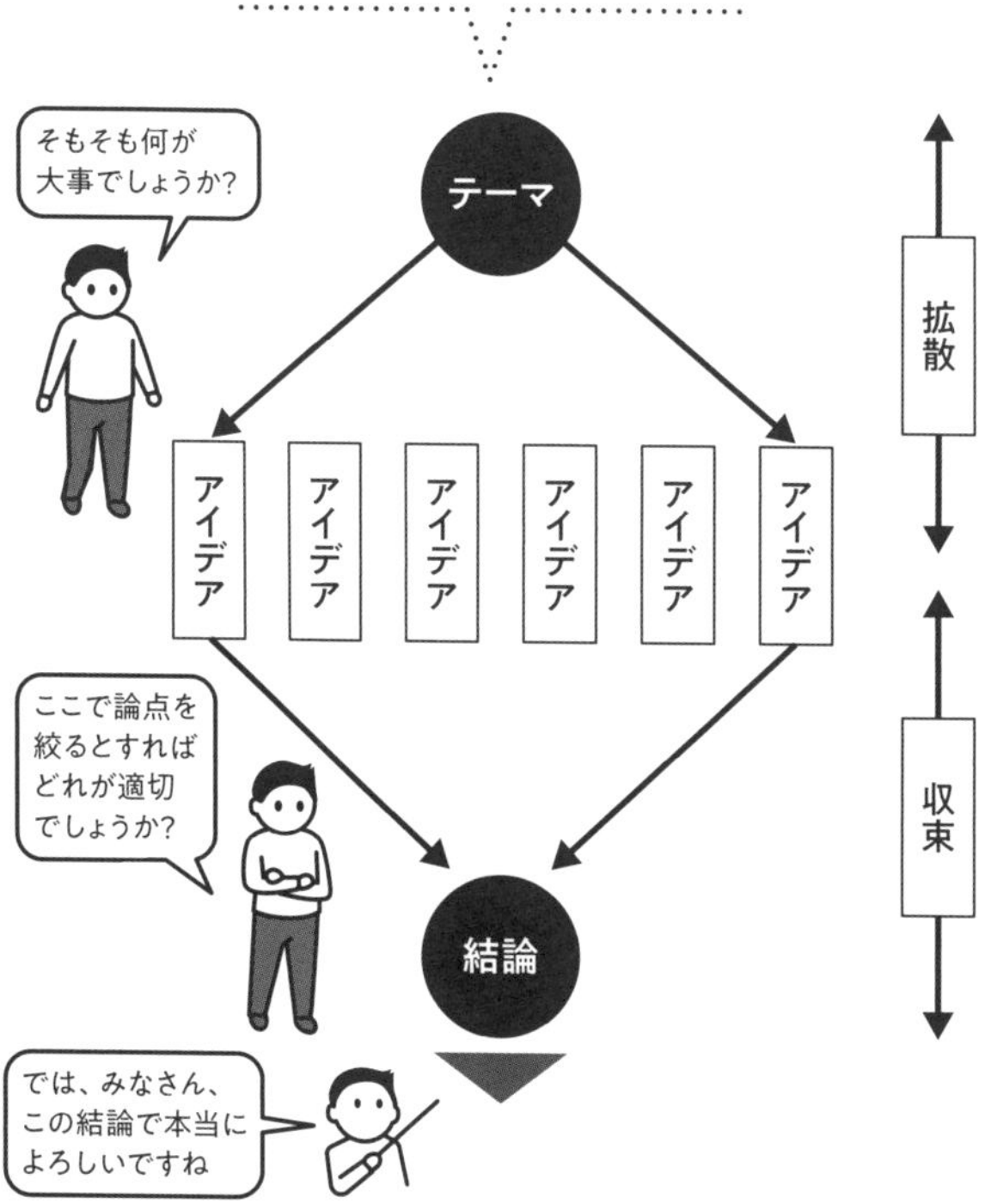

そもそも何が
大事でしょうか?
テーマ
拡散
アイデア
アイデア
アイデア
アイデア
アイデア
アイデア
ここで論点を
絞るとすれば
どれが適切
でしょうか?
収束
結論
では、みなさん、
この結論で本当に
よろしいですね

会議をまとめる

- ○アウトプットを確認し、同意を取る
- ○「誰が、何を、いつまでにするのか」といった決定事項を共有する

振り返り

- ○「今、どう思っているか」を問いかける
- ○会議中の雰囲気を問いかける

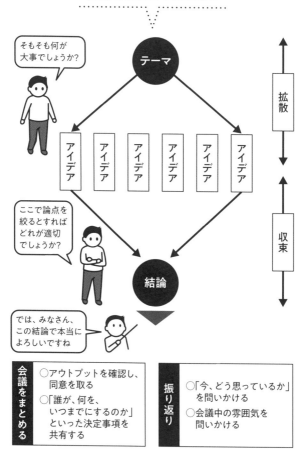

The Speed Work Technique

第5章

プレゼン

仕事が速い人は

質問から始める

仕事が遅い人は

要点を伝えることから始める

プレゼンは双方でつくり上げるもの

一般的に「プレゼン」というと、パワーポイントなどでつくった資料をもとに、時間内に過不足なく情報を伝えていくイメージがあります。

プレゼンする側が一方的に発信し、受け手側はすべてを聞いたあとで説得力の有無を判断するものだと思われているかもしれません。

しかし、本来プレゼンはそこまで一方的なものではなく、プレゼンする側と受け手側が共同してつくっていくようなところがあります。

マッキンゼーも、すべてを一方的に語るのがプレゼンであると考えているわけではありません。「よいプレゼン」とは、プレゼンする側の言葉に受け手側が感応し、プレゼンする側は、その感応を自覚しながら行っていくものです。

できるコンサルタントは、仮に相手の持論に対して否定的な意見を持っているときにも、真正面から否定するのではなく、自発的に気づかせようと働きかけます。無理に説得しようとすると、抵抗感を生じさせてしまうからです。

では、どのようにすればよいのでしょうか。

大切なのは、相手の同意やリアクションを引き出すことです。具体的には、プレゼンの冒頭で仮説を「質問」という形で投げかけるようにします。

「突然ですが、質問です。みなさんは○○で悩んでいることってありませんか？」などと問いかけると、キャッチーな導入となります。

プリンターのリプレースのプレゼンであれば、受け手の悩みは「ランニングコストを削減したい」「高速でプリントをしたい」「写真をきれいにプリントしたい」など、ポイントが限られているはずです。そのポイントを押さえて「プリンターのランニングコストを下げたいって思いますよね？」と問いかければ、「そうそう」という同意が得られます。ここで「イエス」と言ってもらえると、あとの話にも同意が得られやすくなり、受け手は前のめりになって聞いてくれるようになります。

質問で相手のニーズを引き出す

プレゼンをするに先だって、質問を通じて、相手のニーズを引き出す手法も有効で

プレゼンは双方向でつくり上げる

○ よいプレゼン

そうそう!
悩んでる
突然ですが、
質問です。
みなさんは○○で
悩んでいることって
ありませんか?

質問を通じて相手の同意やリアクションを引き出す

× 悪いプレゼン

まず、
このサービスの
メリットですが……

一方的に要点だけを伝えていく

す。私がコーチングをさせていただいたある女性は、「婚活をしているのに、いい人に出会えない」という悩みを抱えていました。

彼女はキャリアもあってポジティブで、十分魅力的な女性です。私は、直感的に「彼女は今のところ、心から結婚を望んでいるわけではないのかもしれない」と感じました。そこで、こんな質問を投げかけてみました。

「もし、まだ結婚をしないという選択をしたら、どんなことをしたいと思いますか？」

すると、彼女はこれまでと一転して表情が明るくなり、いろいろな「やりたいこと」を語ってくれました。

彼女は、周囲からの「結婚したら？」という声に押されてなんとなく婚活をしていたものの、本心ではそれほど結婚を求めていたわけではなかったのです。

ここで「どうすればいい人に出会えるか」という悩みの解決法を模索しても、彼女のニーズには応えられなかったはずです。「本当は何をしたいか？」という核心に触れる質問をした結果、彼女の進みたい方向性を引き出すことができたのです。

質問は、受け手を主体的にさせ、ニーズを明らかにしていくうえで、不可欠なテクニックなのです。

仕事が速い人は

○ シンプルな内容を意識する

仕事が遅い人は

× 言いたいことをたたみかける

現代人は集中できない

プレゼンの目的は、受け手に何らかのアクションを起こさせること。そのためには、できるだけプレゼンをコンパクトにまとめる必要があります。

先日、私は昭和期の名スピーチを扱ったテレビ番組を見る機会がありました。そこに登場したのは、かつて「天才政治家」「今太閤」と呼ばれ、今でも人気の高い故・田中角栄元首相です。映像は1970年代のものと思われ、彼が地方都市の街頭で演説を行っている姿をとらえています。

そこで最も感動したのは、田中角栄の演説の巧みさというより、彼の長い演説を微動だにすることなく、延々と集中して聴き続ける聴衆の姿です。

テレビやSNSなどからもたらされる情報が肥大化するにつれ、人間の集中力は年々低下しているとされています。

おそらく、今の日本人に彼の演説を聴き続けるだけの集中力を求めるのは不可能です。スピーチの才能がある人でも長時間のプレゼンは厳しいのですから、普通の人はなおさらコンパクトなプレゼンを意識しなければなりません。

今、プレゼンで受け手の集中できる時間は10分が限界ではないでしょうか。プレゼンは数分間で短くまとめるのが原則です。そのために、プレゼン資料は要素を最低限に絞り込み、徹底的にムダを省くことが大切です。

1スライド、1メッセージを意識しよう

マッキンゼーのプレゼン資料は、非常にシンプルであるという特長があります。

基本は「1スライド、1メッセージ」です。極限まで絞り込まれたメッセージがひとつと、簡潔なチャートがひとつ。このシンプルな組み合わせだからこそ、資料の訴求力が高まります。

アニメーションも使わないのが原則です。使うとしても1回程度にとどめるべきです。アニメーションを多用したスライドは、一見すると奇抜で目を引きますが、かえって信頼性に欠け、うさんくささを感じる傾向があります。

あれこれ情報を盛り込んだプレゼン資料を見ると、「言いたいことがたくさんあっ

て絞りきれない」という苦悩は理解できるのですが、肝心の伝えたいメッセージは伝わってきません。

たとえば、市区町村の公共施設や郵便局のカウンターの下などに、各種の啓発ポスターやお知らせの掲示物が貼ってあるのを見たことがあると思います。

でも、そこに「どんな情報が書いてあったか?」と聞かれると、ほとんど記憶に残っていないのではないでしょうか。たくさんの情報を受け取っているはずなのに、脳内を素通りしてしまっているのです。

それは、インパクトのあるひとつのメッセージに絞り込まれていないからです。

プレゼンに限らず、情報を伝えるときは、シンプルなメッセージに絞り込むことが基本です。「愛は食卓にある。」(キユーピー)、「NO MUSIC, NO LIFE.」(タワーレコード)「あなたと、コンビに、ファミリーマート」(ファミリーマート)など、心に残る有名なコーポレートメッセージ(ボイス)があります。これらは、伝えたいことをシンプルに絞り込むことで、心に残るメッセージとなっているのです。

「1スライド、1メッセージ」「アニメーションは使わない」。くれぐれも、その2点を忘れないでください。

シンプルなメッセージに絞り込む

1スライド、1メッセージの基本

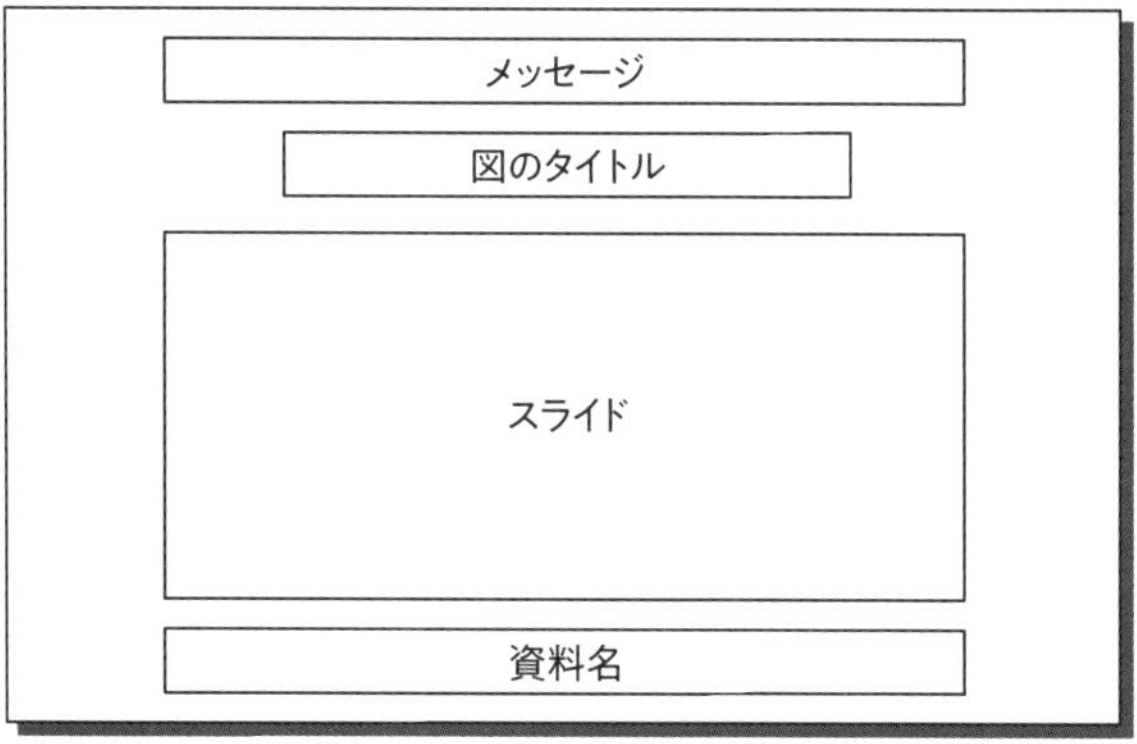

1スライド、1メッセージの例

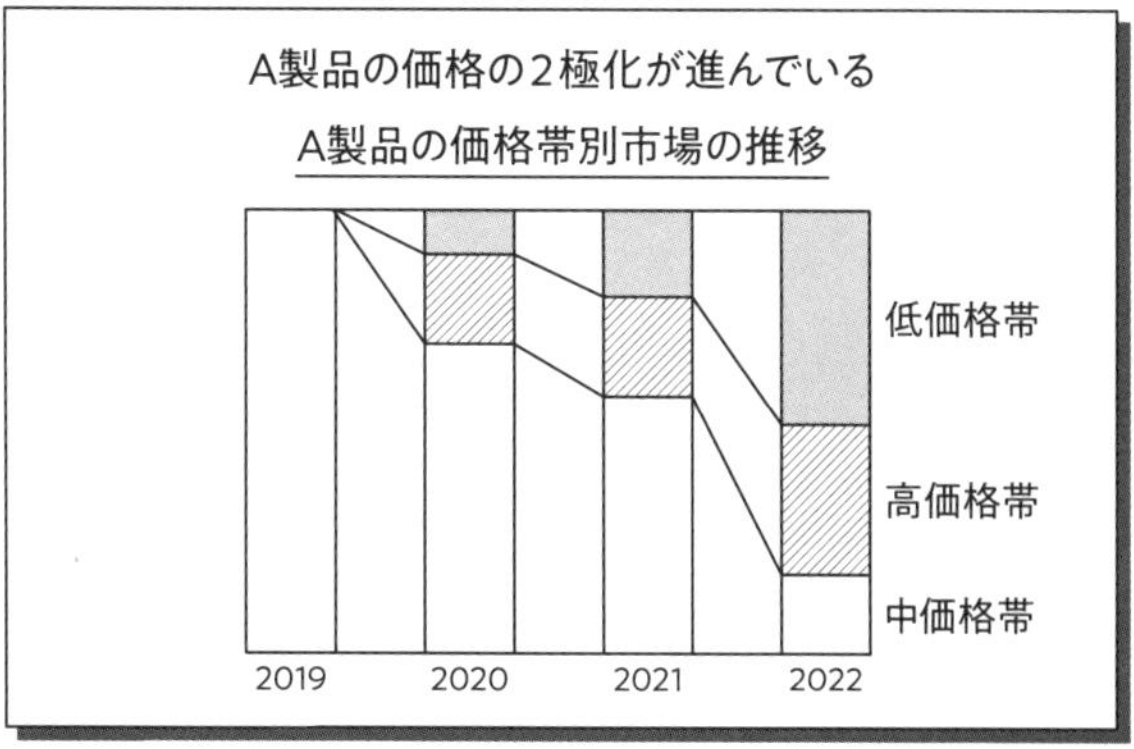

仕事が速い人は

ギャップがある

仕事が遅い人は

真面目さしかない

ギャップが親近感をもたらす

プレゼンでは、真面目にメッセージを伝えるのが基本ですが、それだけではちょっと物足りなさが残ります。

セールスパーソンから商品説明を受けている場面をイメージしてください。資料も過不足なく説明も立て板に水、一分《いちぶ》の隙もない振る舞いで説明されたらどうでしょう。あまりに完璧すぎると「何か隠しているかもしれない」「なんとなく信用できない」などと不安に思うこともあるでしょう。

逆に、完璧そうなセールスパーソンから素朴な方言が飛び出したり、過去のたわいない失敗談を聞いたりすると、とたんに親近感が湧いて「この人なら信頼できそう」と思えてきます。

「完璧そうに見えて、ちょっと抜けたところがある」というギャップがあるところに、親近感が生まれます。

映画やドラマでも、すべてが完璧すぎるヒーロー、ヒロインは「遠い存在」すぎて近寄りがたいのですが、ギャップを見せられると親しみを感じます。

人気のアイドルも、このギャップがあることで多くのファンの支持を集めています。歌唱力もあり、キレのあるダンスをするアイドルが、トーク番組などで庶民的な一面を見せたり天然エピソードを話したりすると、不思議と応援したい気持ちになります。これは、まさにギャップの効果にほかなりません。

本音で語ることが大切

ギャップが生まれる余地はさまざまです。

「マッキンゼー出身なのに、ざっくばらんな態度」

「パンクファッションなのに、毎日ゴミ拾いをしている」

「大ベテランなのに若者のカルチャーにすごく詳しい」

このように、イメージを裏切ったところにギャップが生じます。前述したアイドルの例も同じです。

あるいは、ふたつのものの対比から生まれるギャップもあります。

ギャップが親近感を生む

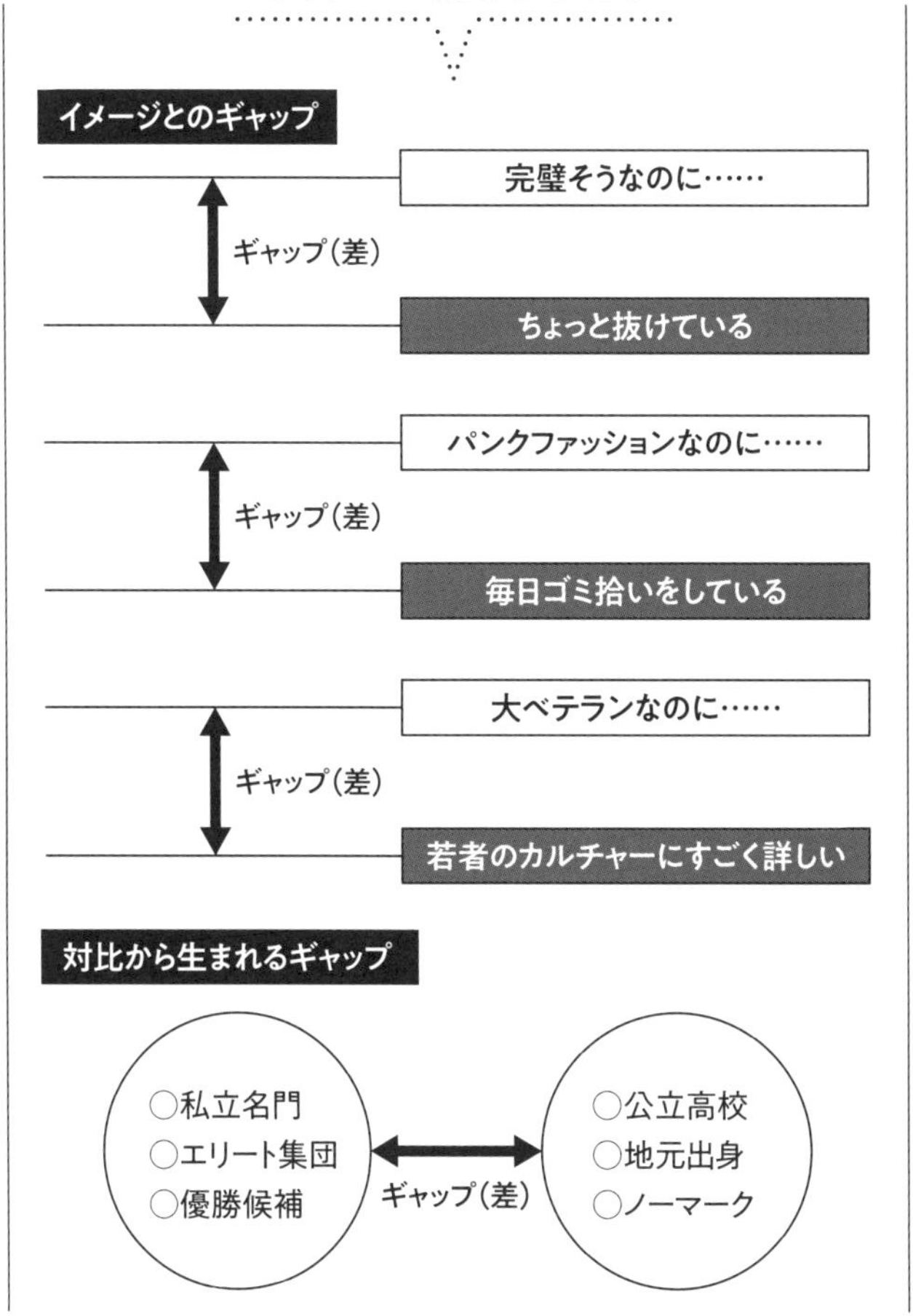

イメージとのギャップ
完璧そうなのに……
ギャップ(差)
ちょっと抜けている
パンクファッションなのに……
ギャップ(差)
毎日ゴミ拾いをしている
大ベテランなのに……
ギャップ(差)
若者のカルチャーにすごく詳しい
対比から生まれるギャップ
○私立名門
○エリート集団
○優勝候補
ギャップ(差)
○公立高校
○地元出身
○ノーマーク

2018年の夏の高校野球（甲子園）では、秋田県代表の金足農業高校の快進撃が全国的な感動を呼び、「金農旋風」などという言葉も生まれました。

金足農業が決勝戦で対戦したのは、甲子園の常連校である大阪桐蔭高校です。大阪桐蔭には「私立の名門」「エリート集団」「優勝候補」というイメージがあり、金足農業の「公立の農業高校」「選手全員が地元出身」「ノーマーク」といった要素と対照的でした。

そのため多くの甲子園ファンに、いわゆる「判官びいき」の心理が働き、金足農業を応援する人が爆発的に増えました。選手の滞在費用や応援する生徒の旅費などの寄付が、なんと総額約2億9000万円も寄せられたといいます。

「大企業に立ち向かう社員8名のベンチャー企業」

「制作費5億円の映画に制作費300万円の映画が挑む」

などもキャッチーなギャップです。

「ギャップを見せる」といっても、装う必要はありません。ウソは確実に見破られます。

大事なのはギャップを演出することではなく、素の自分を見せる、本音で語ることです。無理をして格好よく見せようとせず、自分らしさを追求すればよいのです。

仕事が速い人は

ストーリーにこだわる

仕事が遅い人は

スライドにこだわる

スライドのデザインにはこだわらない

仕事が速い人のプレゼンは、スライドのデザイン性にはこだわりません。実はプレゼンの受け手がスライドの見た目をそれほど重視していないのを知っているからです。では、スライドのデザイン性よりも重要な要素とは何か。それは、ストーリーです。ストーリーがしっかりしているプレゼンは、確実に人を引きつけます。

早く成果を出したいのであれば、最初からパワーポイントで資料作成に着手するのはやめましょう。まずは、ストーリーをつなげる作業のほうが重要です。

ストーリーができてからパワーポイントなどを使ったほうが、確実に伝わる内容となります。プレゼンの受け手も、「このプレゼンは私たちが知りたいツボを確実に押さえている」と感じるからです。ストーリーをつくるためのフレームワークは、いくつもあります。

たとえば、前述した「空・雨・傘」も使いやすいフレームワークです。具体的には次のようになります。

①現状の把握

「空を見てください。黒い雲が広がっています」

②現状の解釈

「雨が降ってくるかもしれません」

③結論または解決策

「傘を持って外出しましょう」

実際のプレゼンでは、次のように「結論→理由」の順番に展開する方法もあります。

「今日は傘を持っていきましょう。なぜなら、空を見ておわかりの通り、黒い雲が広がっています。あとで雨が降ってくるかもしれませんから」

ビフォーアフターは鉄板のフレームワーク

プレゼンで〝刺さりやすい〟ストーリーといえば、なんと言っても「ビフォーアフター」

の変化でしょう。パーソナルトレーニングジムで有名なライザップのCMは、このビフォーアフターの手法でトレーニング事業を効果的に訴求しています。162ページで触れた「質問」と、最後に「結論」を組み合わせると、立派なプレゼンの完成です。

①質問
「みなさんは最近、自分は太ってきたかもしれないと感じていませんか?」
②ビフォー
「実は私も運動不足とストレスによるヤケ食いで、お腹回りがたるんでいました」
③アフター
「でも、運動と食事管理により、なんと20キロの減量に成功しました!」
④結論(提案)
「ぜひこのプログラムをご活用ください」

ビフォーアフターは自己紹介などにも応用できるので、ぜひ使ってみてください。

プレゼンは「ストーリー」で伝える

■空・雨・傘のフレームワークを活用

傘（結論）
今日は傘を持って外出しましょう

空（現状）
なぜなら、空を見ておわかりの通り、黒い雲が広がっています。

雨（解釈）
あとで雨が降ってくるかもしれませんから

プレゼンでは傘（結論）から展開する方法が有効

■ビフォーアフターのフレームワークを活用

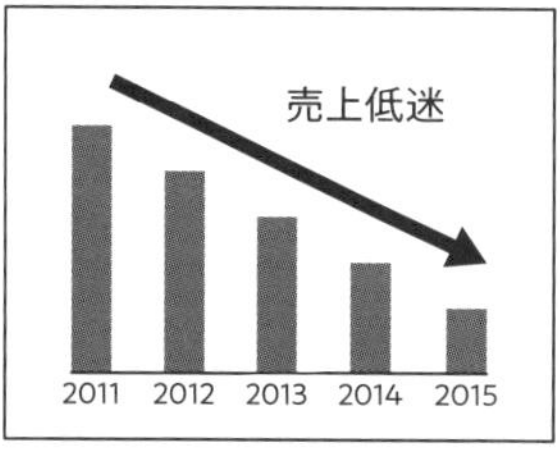

Before

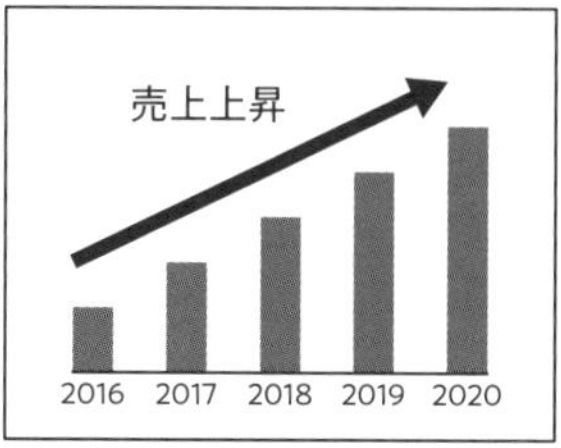

After

誰に対しても変化がわかりやすい

仕事が速い人は

感情を刺激する

仕事が遅い人は

ロジックで説得する

人間は感情の生き物

上手なプレゼンを行うためには、充実したプレゼン資料をつくったうえで、相手が理解しやすいようにロジカルに話すスキルが不可欠です。

しかし、ロジックだけではプレゼンはうまくいきません。

人は感情の生き物です。それは、幼稚園児などの振る舞いを観察しているとよくわかります。子どもたちは、「○○ちゃんが好き！」「△△ちゃんが嫌い！」などと好き嫌いの感情をあらわにします。

実は大人も同じような感情を持ちながら生活をしているのですが、さすがに感情をむき出しにすると社会生活を営むうえで支障があるので、大義名分や理屈を持ち出して、もっともらしく装っているだけ。一皮むけば感情で物事を判断する傾向が多分にあるということです。

感情で判断する人に向かって、ロジックで説得しようとしてはいけません。人は「説得されそうだ」と感じた瞬間に拒否をするものです。

大切なのは「共感」です。

「そうそう！　私も同じ気持ち！」

「これこれ！　こういうのを求めていた！」

という共感の感情こそが、プレゼンを成功に導きます。

スキル以前に重要なのは、「相手に共感と共有をもたらしたい」という想いです。想いのこもったプレゼンが人にアクションを起こさせ、仕事のスピードをアップさせることにつながります。

プレゼンのスタートは、相手に共感と共有をもたらしたいと思うことです。ですから、あらかじめ「受け手と共感・共有したいもの」を自分の中で明確にしておくことを意識しましょう。

人間的な魅力も大切な要素

共感をもたらすには、プレゼンをする人の人間的な魅力も不可欠です。

プレゼンにおける人間性の成功例としては、ジャパネットたかたの髙田明前社長な

優れたプレゼンは感情で伝える

○ 感情を刺激するプレゼン

共感してもらえば、想いは伝わりやすい

× 感情を刺激しないプレゼン

ロジックだけでは想いを伝えることはできない

どが思い浮かぶかもしれません。髙田さんの「社長自ら、甲高い声で、早口で商品を説明する」というプレゼンは視聴者に強烈なインパクトを与えました。

髙田さんの語りには独特の個性が感じられ、それが視聴者の感情に訴えかけていたといえそうです。

私が出会ってきたコンサルタントの中でいうと、当時、マッキンゼー日本支社の代表であった大前研一さんは群を抜いて人を引きつけるプレゼンをしていたと思います。ロジックにも優れていたのですが、驚くほど深い洞察によって、心に響くプレゼンをされていたのが印象に残っています。

みなさんの周りにも、「この人に言われると共感できるし納得できる」「雑談を聞いているだけでも引き込まれる」みたいな人間的な魅力を備えた人がいると思います。

そんな人間的な魅力のある人が「○○をすると○○になります」のようにメリットと未来のビジョンを描くと、受け手は理屈抜きで感情が揺さぶられるのです。

もちろん、人間的な魅力を高めるのは一朝一夕にはいきませんが、お手本にして努力することは大切だと思います。

仕事が速い人は

話が途切れても平気

仕事が遅い人は

話していないと不安

「間」を恐れないで話す

前述したように、プレゼンは話し手と受け手が共同でつくっていくようなイメージが理想です。ですから、プレゼンをする側が一方的に話し続ければよいというものではありません。むしろ、話しすぎに注意する必要があります。

プレゼンがうまい人は、相手にちょっと考えてほしいとき、集中してほしいときなどに、あえて大胆な「間」をつくることがあります。中には20～30秒くらい沈黙する人もいるくらいです。間をつくることで受け手の思考を促すわけです。

プレゼンに自信がない人は、この空白の時間を不安に感じるので、ついつい言葉を重ねてしまいがち。ですが、話は端的にまとめ、間を取る勇気を持ちましょう。

役者さんの中には間を上手に使って存在感を出している人もいます。話術のプロから間の取り方を学ぶのもひとつの方法です。

ほかに重要な要素として挙げられるのは、声の抑揚やスピードの緩急などです。人前で話すときに力を持つのは音（声）です。極端にいうと、「何を話したか」よりも「どんな音を発したか」がプレゼンの印象を左右します。

会議でも、声のよい人が発言すると、なんとなくいいことを話しているような気分になりますし、ナレーターの中には「ずっとこの人の声を聴いていたい」と思えるような人もいます。

本来の声の個性を無理に変えろということではありません。ただ、できるだけ明るくハキハキした発声を心がけてください。自分なりに音が通りやすい声の出し方を探っておくようにしましょう。

練習を繰り返してスキルアップを目指す

落語家さんなどは、その日のお客さんの雰囲気を見たうえで、噺の内容を微妙に調整していると聞いたことがあります。

プレゼンも同じで、同じコンテンツでも、状況に応じて臨機応変にアドリブを利かせられるようになったら上級者の仲間入りです。

たとえば、受け手の多くがロジカルさを求めてないと気づいた場合は、あえて具体的なエピソードを増やすなどの調整を行います。

実はコンサルタントの多くはプレゼンの内容を完成させていません。完成された原稿を一字一句読み上げるのではなく、大まかなポイントだけを箇条書きなどにまとめておき、そのポイントをフックにして、場に応じたベストな話を展開していきます。

もちろん、重要なデータなどはきちんと用意しておきますが、それ以外の部分は余白をつくっておき、そのときどきで柔軟に変化させているのです。

こうしたフレキシブルなプレゼンをするには、なんといっても普段から練習を繰り返し、実践の場数を踏んで経験値を上げていくのが一番の近道です。

私を含めてコンサルタントの中には、意外にもあがり症の人が結構います。それでも必要に迫られて何度も同じプレゼンを繰り返していれば、まるで呼吸をするように無意識のうちにプレゼンができるようになるものです。

私自身、今でも人前に出て緊張することがありますが、経験を重ねているのでプレゼンは自信を持ってできるようになりました。

ぜひ、失敗を恐れずたくさん実践の機会を経験して、プレゼンのスキルを上げてください。プレゼンが得意になれば、確実に成果を出しやすくなるはずです。

プレゼンをするときのポイント

○	×
重要な情報だけを話す 適度な間をつくり、相手の思考を促す	**間を埋めるように話し続ける** 一方的に話しすぎると聴き手に考える余地がなくなる
声の抑揚やスピードの緩急などをつける 「音で伝える」ことを意識して発声する	**一本調子で話し続ける** 内容だけで訴えようとしても伝わらない
相手によって内容を調整する ロジカル度や感情度などを臨機応変にチェンジする	**どんな相手でも同じように話す** プレゼンを完成させてしまうと、対応できない場も出てくるようになる
失敗を恐れず経験を積み重ねる 何度も同じプレゼンを繰り返せば、確実にスキルアップできる	**プレゼンする機会をできるだけ避ける** いくら練習をしても、実践の場で経験をしないと上手にならない

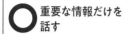

The Speed Work Technique

第6章

行動習慣

仕事が速い人は

仕事を断ることができる

仕事が遅い人は

仕事を断ることができない

「自分軸」で戦略を持つ

職場において「できる人に仕事が集中する」というのは一面の真理ですが、別の視点から見ると、「断れないから次々と仕事を押しつけられてしまう」ともいえます。

仕事を断れない人には「仕事を断ってカドが立つのは避けたい」「周囲の期待に応えたい」といった心理が強く働いています。言い換えれば「他人がどう思うか」という他人軸で行動しています。

他人軸で行動していると、いつまでも他人に振り回されることになります。不本意な仕事まで引き受けることになり、心身ともにストレスを抱え、仕事のパフォーマンスが低下する恐れもあります。

一方、自分軸で行動する人は、常に「自分はどうするか」という視点で決断します。ですから、状況に応じて仕事を断ることができます。仕事の質とスピードを高めるには、自分軸で動くことが肝心です。

自分軸を持つために、まずは自分の人生に戦略を持ちましょう。「戦略」というと、

「敵と戦って勝つための考え方」「戦って勝つために取るべき選択肢」といったイメージでとらえている人が多いと思います。

しかし、人生の戦略は単に競争に勝つことを意味しません。「どうしたら人生が楽しくなるか、幸せになるかを考えること」というニュアンスです。当然、仕事も「戦略的」に考えていく必要があります。

自分の行動規範を決めよう

戦略を考えるときには、「何をするか」以上に「何をしないか」を明確にすることが求められます。

多くの人は「TODOリスト」をつくることに熱心で、「やらないこと」には無頓着です。「やること」にばかり目を向けていると、本当はやらなくてもよかったようなことにも手を出してしまい、時間や労力がいくらあっても足りなくなります。

人生を幸せに生きている人、仕事が速い人は、何を捨てて、何に集中すべきかを明らかにしています。基準が明確なので、やるべきことに時間とリソースを投入できる

自分軸で「やらないこと」を明確化する

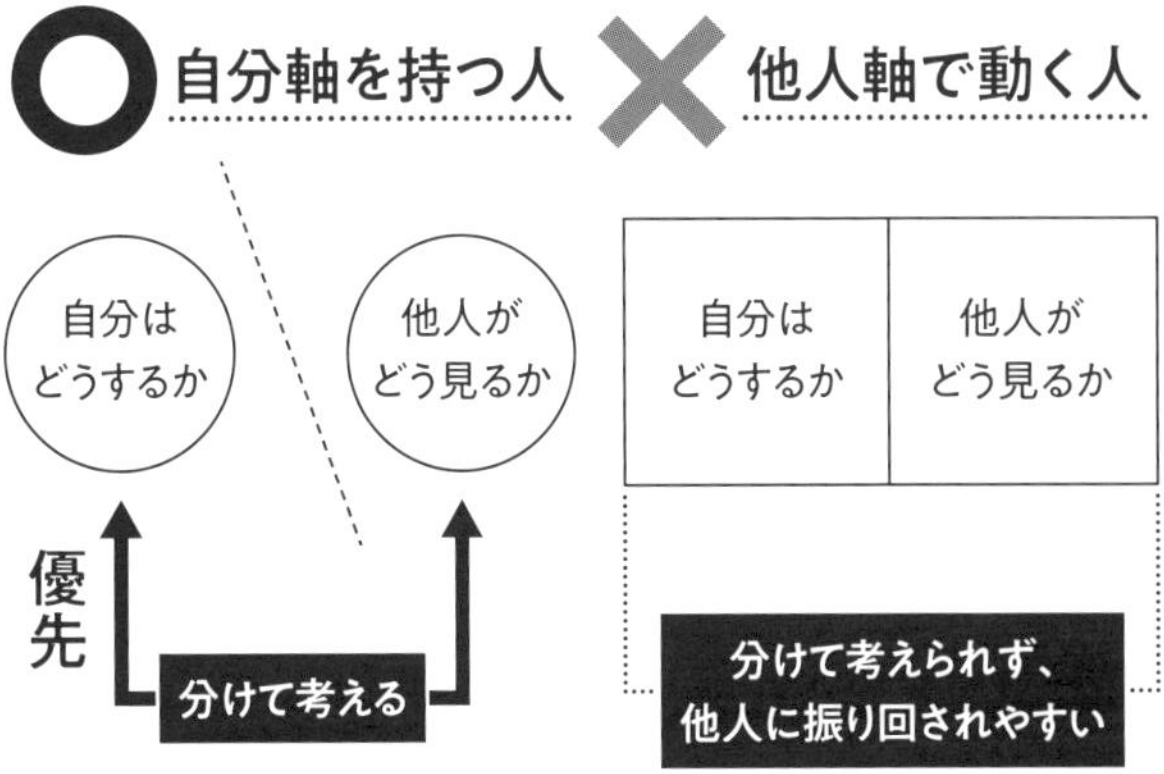

自分軸を持つ人
他人軸で動く人
自分は
どうするか
他人が
どう見るか
優先
分けて考える
自分は
どうするか
他人が
どう見るか
分けて考えられず、
他人に振り回されやすい

■やること・やらないことをリスト化しておこう

やることリスト(例)

- 好きな場所で働く
- 尊敬できる人と一緒に働く
- フルマラソンでサブ4(4時間以内での完走)を達成する
- SNSで毎日発信する
- 早寝早起きをする
- 家族で毎年1回海外旅行をする

⋮

やらないことリスト(例)

- 毎日与えられた仕事だけをする
- 不本意なプロジェクトに参加する
- 付き合いのためにプライベートの時間を削る
- 満員電車で通勤する
- 運動不足
- 二日酔いになる

⋮

のです。

企業には「企業理念」や「ミッション」「バリュー」といったものがあります。マッキンゼーには「クライアント・インタレスト・ファースト（顧客利益第一）」という価値観が共有されています。

まずは、こういった自分の行動規範を持ちましょう。そして、行動規範にしたがって「やること」「やらないこと」を判断していきます。「やることリスト」「やらないことリスト」のようにリスト化しておくのもよいでしょう。仕事を「やるか」「やらないか」も、行動規範をもとに判断します。あるいは、「どんなにお金を積まれてもやりたくない仕事は？」と自問自答をして「やりたくないこと」を明確にしておく方法もあります。

もっとも職場では、きっぱり断ることができるシチュエーションばかりとは限らないでしょう。その場合は、「代案を示す」「条件を交渉する」など上手な折り合いのつけ方を考えましょう。

仕事が速い人は
失敗を恐れない

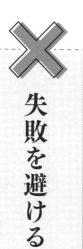

仕事が遅い人は
失敗を避ける

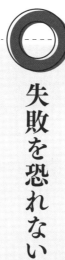

失敗経験はムダではない

仕事を通じて自分を成長させ、仕事のスピードを速くする一番の近道は「早くとりかかり、早く失敗しておくこと」です。

何事も最初からうまくいくわけではありません。成功にいたる仮説が100個あるとすれば、失敗によって確実にひとつの仮説をつぶせるわけですから、前進しているととらえるべきです。

失敗は成功の糧であるといえます。失敗が何を示しているのかを読み取り、そこから何かを学び取ることが重要です。

具体的な仮説を立てて、すぐに実行する。うまくいけば継続して実行し、うまくいかない場合は別の仮説を実行する。このサイクル（201ページ参照）を高速で回転させていけば、仮説の確度も高まりますし、最終的に成功にたどりつくまでのスピードも上がるという仕組みなのです。

実は、脳科学者の池谷裕二先生が、「失敗は成功のもと」の格言を脳科学的に裏付ける研究結果を発表しています。

実験では、14匹のマウスに複数の経路がある迷路を進ませたところ、早い段階で行き止まりに入ったり、同じ道を堂々巡りしてしまったりしたマウスほど、いち早く最短経路を見つけ出したといいます。

次に、最短経路を通れないようにする実験を行った結果、やはり最初に道に迷って迷路全体を歩き回っていたマウスのほうが効率のよい道を選んだというのです。

しかも、最短経路を見つけ出したマウスは、最短経路にこだわらず10回に3回くらいは別の道を通る「道草」をするそうです。「今は行き止まりになっているけれど、本当はもっと近道があるはず」とわかっているのではないかということです。

マウスの賢さにも驚きますが、やはり失敗経験はムダではないというのがよくわかる実験です。

失敗を挽回する機会はいくらでもある

私たちがゴルフを始めるとき、いくらテキストを読み込んだところでゴルフが上達

すると は思えません。実際にクラブを握ってスイングを繰り返し、失敗を繰り返したほうが確実に上達スピードは上がるはずです。

水泳だって、実際にプールに入って手足を動かしてみない限り、泳ぎ方は身につきません。

このようにスポーツにたとえると、実践して失敗することの意味が理解できるのに、仕事となると失敗に及び腰になります。おそらく、失敗のリスクを過剰に見積もり、怖がっているのが大きな理由でしょう。

しかし、現代は非常に変化の激しい時代です。失敗を挽回する機会などいくらでもあります。よく言われているように、失敗よりもリスクが大きいのは「あきらめて何もしないこと」です。

マッキンゼーのような優秀な人材が揃っている組織でも、一人ひとりは不安を抱えながら生きています。ただ、失敗を過度に恐れず、常に「どうすれば失敗を活かせるか」を考えているので、いち早く一歩目を踏み出せるのです。

失敗をたくさん経験すればメンタルも強化されますし、乗り越え方もたくさん身につきます。ぜひ、早めに失敗を数多く経験してください。

失敗経験の重要性

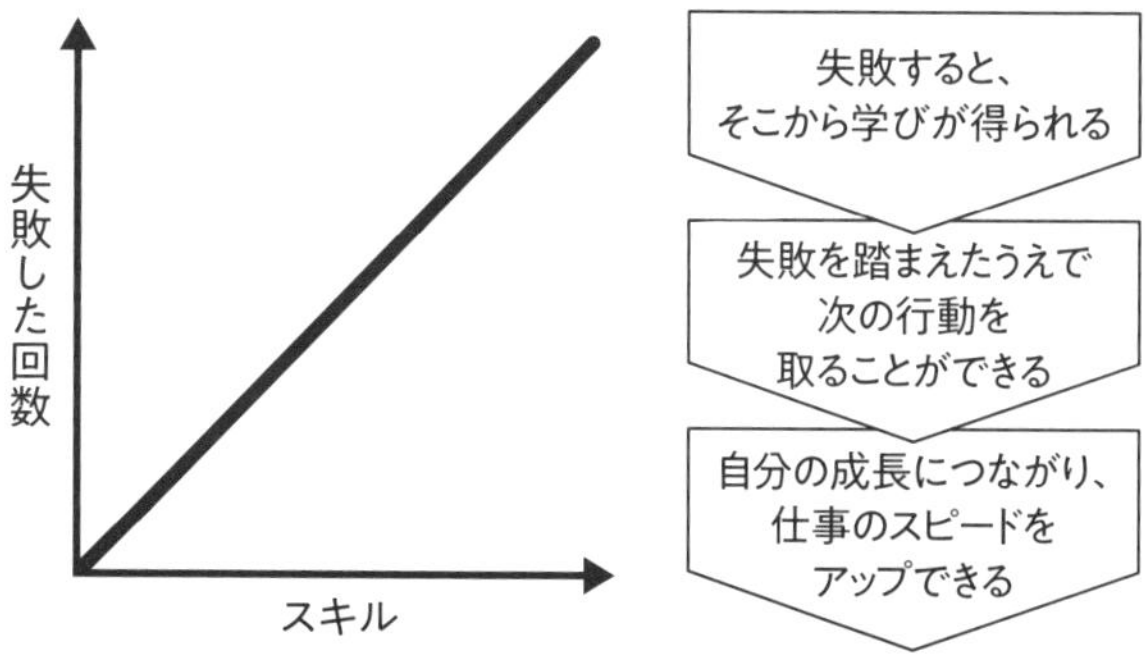

失敗した回数
スキル
失敗すると、
そこから学びが得られる
失敗を踏まえたうえで
次の行動を
取ることができる
自分の成長につながり、
仕事のスピードを
アップできる

失敗の数とスキルは正比例する

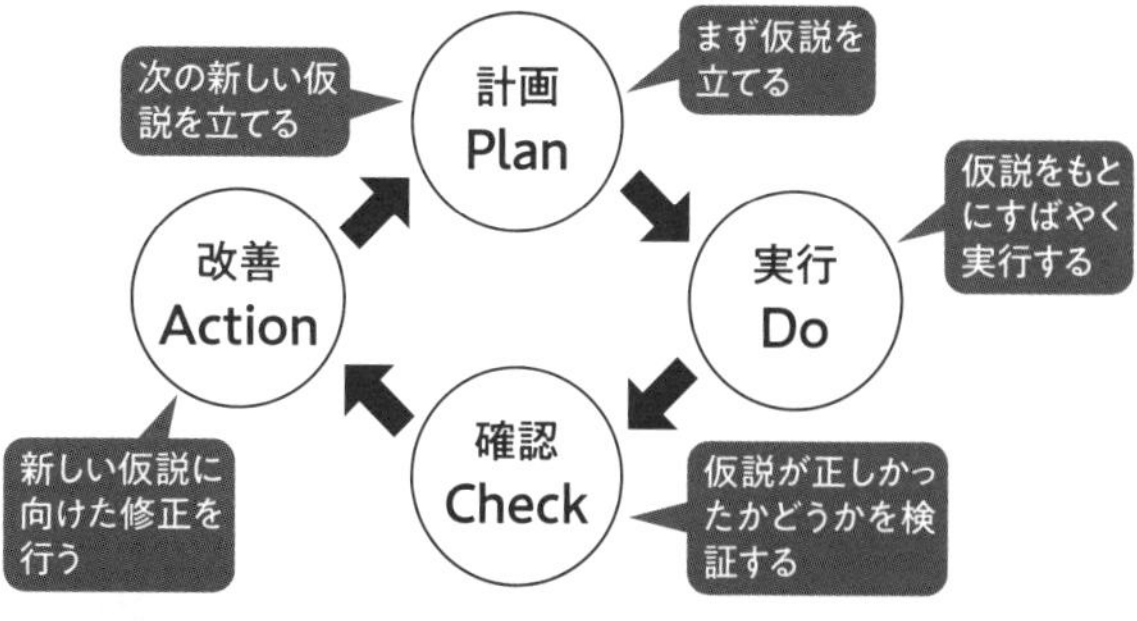

計画
Plan
まず仮説を
立てる
実行
Do
仮説をもと
にすばやく
実行する
確認
Check
仮説が正しかっ
たかどうかを検
証する
改善
Action
新しい仮説に
向けた修正を
行う
次の新しい仮
説を立てる

失敗しながらPDCAサイクルを高速で回すと、いち早く成功できる

仕事が速い人は

得意でないことは人に頼む

仕事が遅い人は

自分でやったほうが速いと考える

「自分でやったほうが速い」の落とし穴

仕事ができる人の中には、「自分でやったほうが速い」という理由であらゆる仕事を抱え込んでしまう人がいます。しかし、今は仕事の内容もさまざまに変化しており、なんでも自分でやろうとすると、習得に時間がかかりすぎたりして、かえって仕事が遅くなってしまいます。

特に最近の職場では、限られた人員で仕事を回し、チーム全体で生産性を高めていくことが求められています。そこでは、お互いの強みを活かしながら仕事を進めていくという視点が不可欠です。

人によって強み（得意とする仕事）は異なります。営業が得意な人もいれば、資料作成に長けている人、論理的で説得力のある文章を書くことに優れた人など、得意分野はさまざまです。

自分の得意分野で力を発揮し、自分とチームの生産性を高めるためにも、不得意分野については周りの人にお願いしていきましょう。

とはいえ、なんでも一方的に丸投げするというのとは異なります。お互いの得意分野で貢献し合いながら、お互いの弱みを補完し合うスタンスが重要です。

たとえば、企画を立案するのが得意な人と、それをプレゼンするのが得意な人、実行して成果を出していくのが得意な人が組んでプロジェクトを立ち上げれば、ひとりで取り組むよりも大きな価値を生み出せるはずです。

部下や後輩にも仕事を任せる

部下や後輩を指導する立場の人にも、ひとりで仕事を抱え込まずに、思い切って仕事を任せる勇気を持ってほしいと思います。

たしかに、部下や後輩よりもキャリアとスキルのある自分のほうが、短期的に見れば速くて正確な仕事をすることができます。しかし、長期的に見れば、部下や後輩のスキルがいつまで経っても上がらず、チーム全体としての成長が見込めなくなります。

その点、マッキンゼーの上司は、部下に仕事を任せるのが本当に上手でした。任せる範囲を明確にし、期限とゴールをきちんと説明して、任せた人のやる気を引き出し

仕事はチームで進めると速くなる

○ チームで助け合う

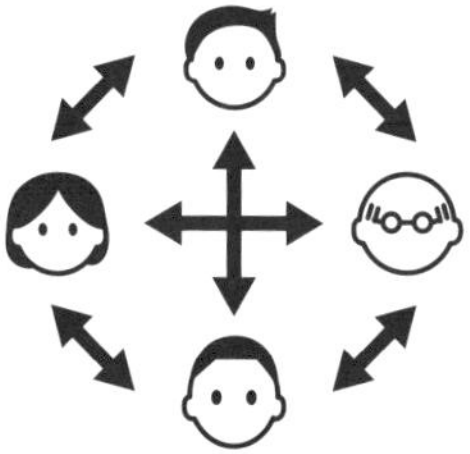

それぞれの得意分野で力を発揮

不得意分野はお互いにフォロー

全員で生産性をアップ

仕事を他人に任せることでスピードがアップする

× 自分ひとりで仕事をする

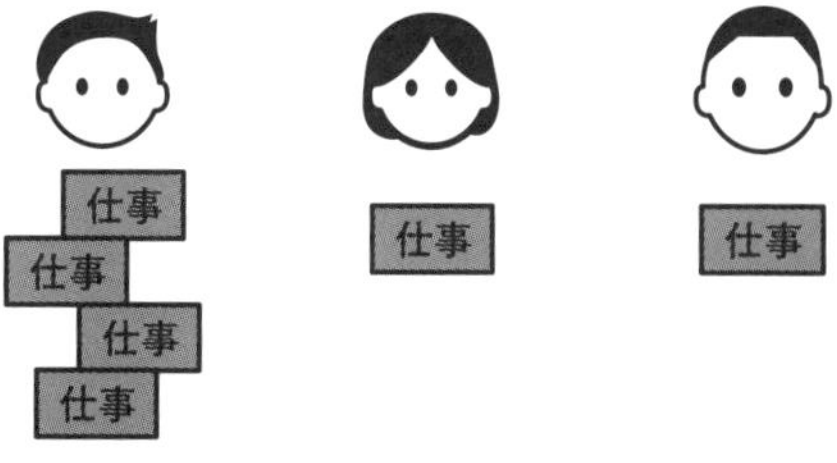

特定の人に仕事が集中すると誰もスキルアップできないし、かえって時間がかかってしまう

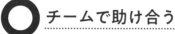

ていきます。

「本当は自分でやったほうが速い」

「これを人に任せたら途中で失敗するかもしれない」

そうした諸々は織り込み済みで、あえて我慢をしながら思い切って人に任せます。最初からあれこれ口を出さず、まずは自分の力で取り組んでもらい、本当に困ったときだけ最低限のアドバイスをしながら、自分で解決できるようにさりげなくフォローしていたのです。

最初は、他人に任せた分だけ仕事が遅くなるでしょうし、フォローを含めると大きく時間を取られることになるでしょう。

けれども、こういった我慢の時間を経ることで、部下や後輩は確実に成長し、チーム全体が活気づきます。分野によっては自分よりもはるかに高いスキルを発揮する人が出てくるはずです。

そうやって全員で強みを発揮し、節約した時間をさらに自分のスキルアップに活用していけば、仕事の質はどんどん高まっていくのです。

〇

仕事が速い人は

上司の期待にフォーカスする

×

仕事が遅い人は

上司の発言にフォーカスする

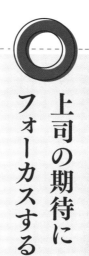

アウトプットのイメージを確認する

上司から指示を受けて仕事に着手する際は、自分の一方的な思い込みで進めるのではなく、上司がその仕事を自分に任せた意図や背景、期待するクオリティといったアウトプットのイメージを必ず確認しておく必要があります。

もちろん「いつまでに仕上げればいいのか」という期日も把握しておきます。時間がかかる場合は、途中報告の期日も設定しておくのが望ましいといえます。

そのうえで、把握したイメージに沿って成果を出していくべきです。これを怠ると労力がムダになり仕事が非効率的になる恐れがあるからです。

たとえば、上司に売上データの報告書作成を頼まれたとしましょう。野心家タイプの部下の場合、自分の能力をアピールする絶好のチャンスと考え、細かい個人別のデータを集めてグラフをつくり込み、10ページ以上の完璧な報告書を仕上げようとするかもしれません。

しかし、上司はそこまで詳細なデータは必要とはしておらず、事業所レベルの大まかな数値を確認したいだけだったとしたらどうでしょう。その場合、細かい報告書を何日もかけた後に受け取るよりも、当日のうちにA4用紙1枚で受け取ったほうが部下に対する印象はいいに違いありません。

上司がスピードを求めているときには、スピード優先で成果物を提出する。内容を求めている場合は、時間をかけてクオリティを高める。このように、上司が期待していることにフォーカスして応えていくことで、質の高い効率的な仕事ができるようになるわけです。

上司とのコミュニケーションの取り方

上司が期待していることにフォーカスするには、普段から上司とよいコミュニケーションを取っておくのがベストです。

上司とよいコミュニケーションを取るには、まず上司から上手に時間をもらうスキルを身につけることです。上司の時間を上手にもらうことができれば、期待するアウトプットのイメージを明らかにできるだけでなく、途中で相談もできますし、トラブルが起きたときにアドバイスも得られます。

仕事が速い人は、絶妙なタイミングで上司とコミュニケーションを取り、アドバイスやOKを引き出しているので、サクサクと仕事を進められるのです。

では、どのように上司にアプローチをすればよいのか。実は、上司のタイプによって接し方は異なります。

ロジカルシンキングに長けているタイプの人だったら、もったいぶった前置きや雑談を嫌います。こういったタイプには単刀直入に、「○○の件ですが、□□で進めたいと思います。よろしいでしょうか」などと結論から先に伝えて、評価や指示を仰ぎます。

上司が忙しそうなときは「○○の件で、1分だけよろしいでしょうか?」などと声をかけるとよいでしょう。「1分だけ」というのは「話がすぐに終わります」という意味であり、厳密に1分以内に話さなくてもかまいません。

一方、喜怒哀楽を表に出す体育会系の上司の場合は、雑談をしながら共感重視のコミュニケーションを取るのがポイントです。特に素直さや前向きさを強くアピールするよう意識してください。

上司の期待していることを明らかにする

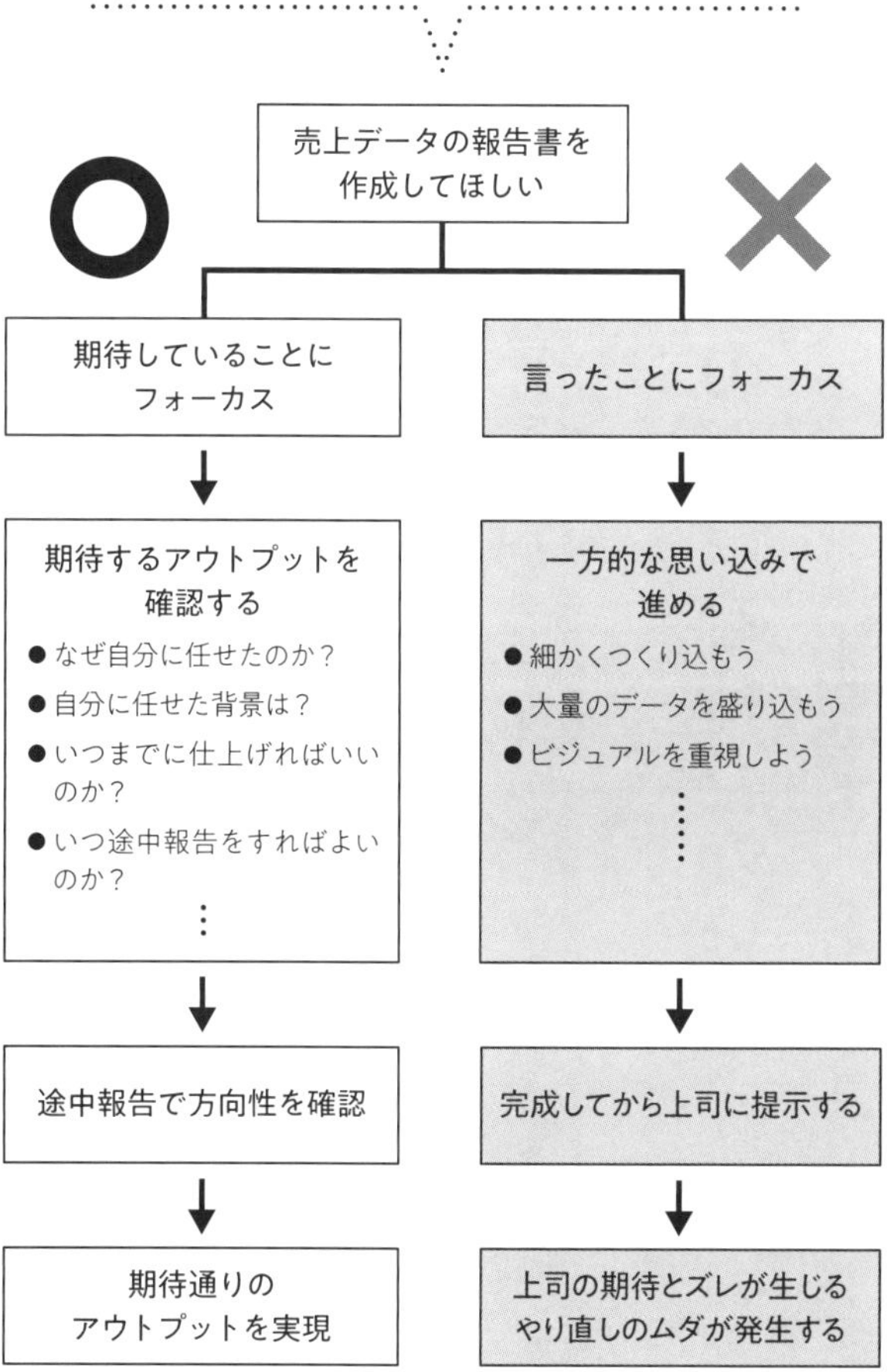

売上データの報告書を作成してほしい
期待していることにフォーカス
期待するアウトプットを確認する
●なぜ自分に任せたのか？
●自分に任せた背景は？
●いつまでに仕上げればいいのか？
●いつ途中報告をすればよいのか？
⋮
途中報告で方向性を確認
期待通りのアウトプットを実現
言ったことにフォーカス
一方的な思い込みで進める
●細かくつくり込もう
●大量のデータを盛り込もう
●ビジュアルを重視しよう
⋮
完成してから上司に提示する
上司の期待とズレが生じるやり直しのムダが発生する

仕事が速い人は

運動の習慣を持つ

仕事が遅い人は

運動の習慣を持たない

人間は五感を通じて思考している

私たち人間は、視覚・聴覚・触覚・嗅覚・味覚という五感を通して物事を体験しています。スパイシーなカレーを食べるときも、冷たいプールに入るときも、五感を通して脳が情報を受け取り、判断し、思考しています。そして、思考した内容を言語化してアウトプットしているわけです。

つまり、すべての起点は五感にあるといえます。五感を研ぎ澄ませば集中して思考もできますし、鋭い判断を下すことができます。仕事が速い人は、五感を研ぎ澄ませている人とも言い換えられます。

現に、私がこれまでに見てきたエリートの多くは、直感に優れ、ここぞというときに集中力を発揮できる人たちでした。彼らは、他の人と同じような環境にあって、同じような情報に接していても、思いも寄らないような視点から独創的な仮説やアイデアを創造します。

彼らは五感を研ぎ澄ませているので、成果につながる情報を拾い上げたり、組み合わせたりすることで、他の人がマネできないようなひらめきを得ているのです。

「慢性的に疲れを感じている」「集中できずに思考が分散してしまう」という人は、五感が正しく働いていない可能性があります。まずは、十分に休息を確保して心と体を回復させることが先決です。

そのうえで、五感を研ぎ澄ませる習慣を持ちましょう。たとえば、前述したように私は瞑想を習慣としています。これはマッキンゼー時代に、瞑想を実践しているハイパフォーマーのコンサルタントにならって始めたものです。

運動は五感を研ぎ澄ませる

運動も五感を研ぎ澄ませる非常に有効な手段のひとつです。実際に、コンサルタントの多くが運動の習慣を持っていましたし、私も週に2回ほど水泳をしていました。

たとえば、筑波大学の征矢英昭教授らの研究チームは、ウォーキングなど低強度の運動を10分間するだけで、脳の認知機能を高める効果があることを発表しています。

適度に体を動かすと頭がスッキリして仕事がはかどるというのは、脳科学的にも証明

運動をすると仕事が速くなる

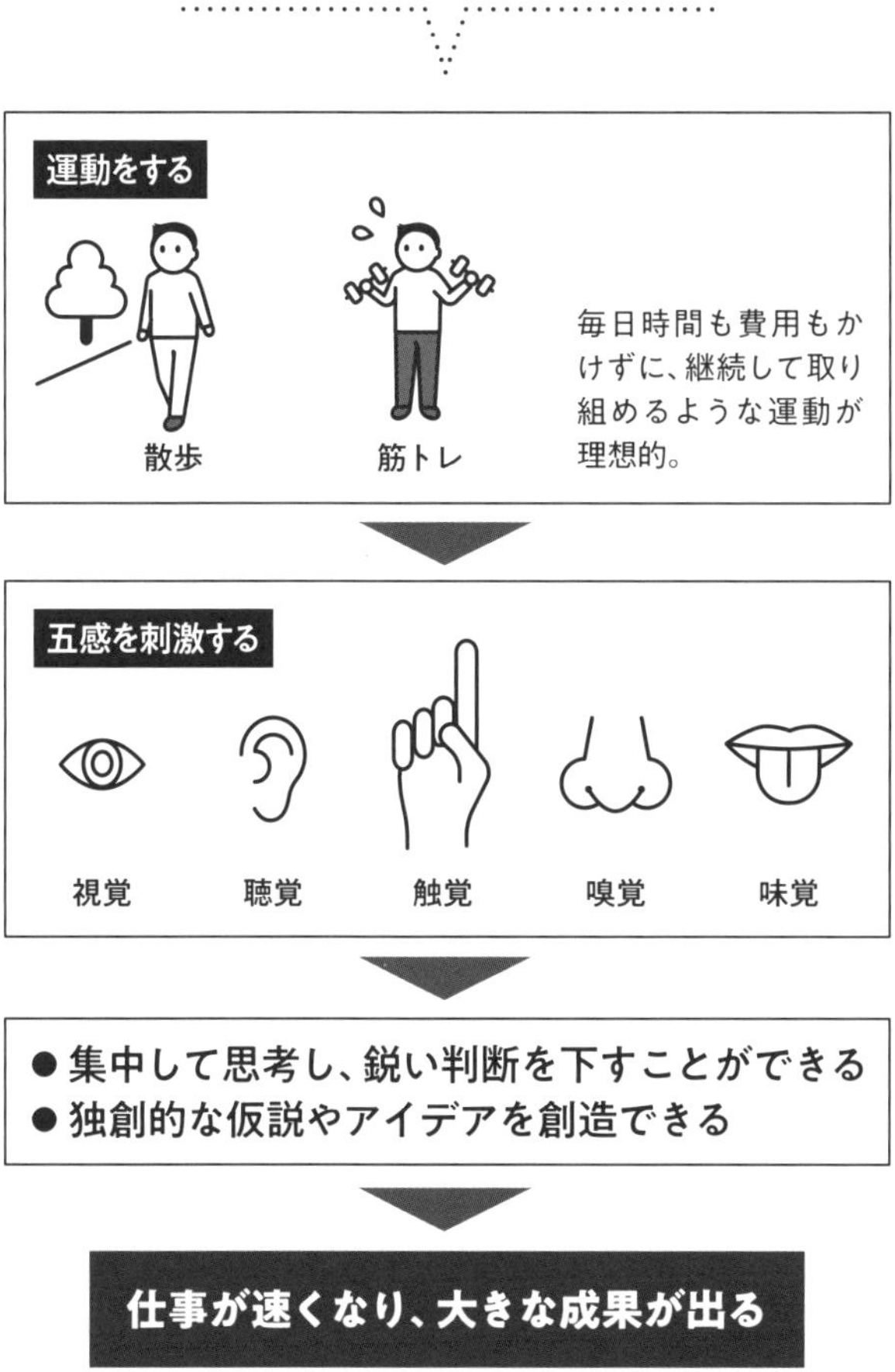
運動をする
散歩
筋トレ
毎日時間も費用もかけずに、継続して取り組めるような運動が理想的。
五感を刺激する
視覚
聴覚
触覚
嗅覚
味覚
●集中して思考し、鋭い判断を下すことができる
●独創的な仮説やアイデアを創造できる
仕事が速くなり、大きな成果が出る

されているのです。

おすすめは散歩や軽い筋トレなど、毎日時間も費用もかけずに、継続して取り組めるような運動です。

できれば毎食後に30分程度軽い散歩をするのが理想です。朝の通勤時に日光を浴びると脳内でセロトニンという神経伝達物質の分泌が活性化され、集中力がアップし、気持ちも前向きになります。

昼食後には、職場の近所の公園などを歩くと、消化が早まり頭がスッキリして回転も速くなります。1日かかるような仕事を3時間程度で終えるような集中力を発揮できます。そして帰宅時には、最寄り駅の2～3駅手前で下車し、そこから歩いて自宅まで帰るのもよいでしょう。

余裕があれば、散歩の途中に裸足になり、直接土の上を歩いてみてください。地に足がつくような感覚が得られ、気が充実してくるのを実感できます。

運動の習慣がない人は「その30分、1時間がもったいない」と思われるかもしれません。しかし、五感をフレッシュに研ぎ澄ませる効果を考えれば、決してムダな時間にはならないはずです。

○

仕事が速い人は

「ギブ」を意識している

×

仕事が遅い人は

「テイク」を意識している

困ったときには人の力を借りよう

どんなに経験を積んでスキルアップをしても、仕事では迷ったり壁に突き当たったりする場面に遭遇します。

仕事がうまくいかないときは、周囲に相談して力を借りながら解決策を模索すべきです。それは個の力に優れたマッキンゼーのコンサルタントも同じです。私が知る優秀なコンサルタントは、周りの力を借り、知恵を引き出しながら仕事を進めることで、仕事をスムーズに進めていました。

仕事をひとりで完結させることに価値があるわけではありません。わからないときに周囲に相談し助けを請うのは、恥ずかしいことではなく、むしろ望ましいことです。恥じるべきは、わからないことを放置し、自分の能力の限界を理由に中途半端なところであきらめてしまう態度です。

今の世の中は複雑で変化のスピードも速いため、ひとりで解決できない状況が生じることもしばしばです。また、積極的に周囲の意見やアイデアを取り入れることで、斬新な発想や展開が生まれるケースも多々あります。

ですから、素直に周囲の力を借りることを意識してほしいのです。

「ギブ」は貯金できる

とはいえ、一方的に周囲に頼る、つまり「ギブアンドテイク」のテイクばかり求める態度は感心しません。他人に頼るクセがつくと、自分の成長にもつながりませんし、周囲からの信頼を失う可能性もあります。

周囲の人とは、少なくとも「ギブアンドテイク」の関係は意識したいところです。何かを与える代わりに何かを受け取る、何かを受け取る代わりに何かを与えるという対等な助け合いの関係性です。

さらに、人として成長したいのなら積極的な「ギブ」を心がけましょう。「情けは人のためならず」という格言があります。他人に情けをかければ、やがて巡り巡って自分によい報いが返ってくるという意味の言葉です。

これはロジカルに考えても正しい理論だと思います。たとえば、朝職場に出社して自分から「おはようございます」と挨拶をする、あるいは初対面の人に「〇〇と申します。本日はよろしくお願いいたします」と先に声をかけるなどのちょっとした行為も「ギブ」の一種といえます。

自分から挨拶すると好印象を与えられます。よほどのことがない限りは、気持ちのよい挨拶を返してもらえるでしょう。

あるいは、その日打ち合わせをする商談相手がスイーツ好きであるのを思い出し、手みやげにスイーツを持参し「一緒に食べながらお話をしましょう」と提案するのも立派なギブです。

「接待に使えるレストランを探している人におすすめの店を教える」

「英語の勉強をしている人に役立つテキストや学習ツールを教える」

このように、日常には「ギブ」をするチャンスがふんだんにあふれています。普段からギブを実践していると感謝もされますし、情報も集まってくるようになります。

私は、ギブを積み重ねる行為を「徳貯金をする」と表現しています。ギブ（徳）は貯金のように貯めることができます。貯めた貯金は、いつか何らかの形で自分を救ってくれます。ですから、貯金するような感覚で、どんどんギブをしていきましょう。

積極的なギブを意識しよう

×　テイクばかり欲しがる

- いつまで経っても成長ができない
- 周囲からの信頼を失う恐れがある

△　ギブアンドテイクを意識する

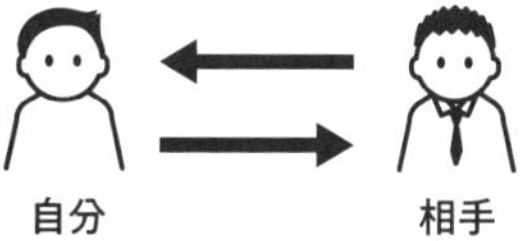

- お互いさまで助け合える
- 見返りを期待してしまうことがある

○　積極的にギブをする

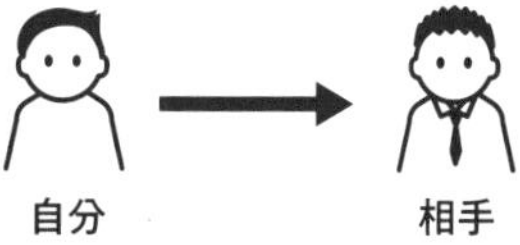

- ギブは貯金のように貯めることができる
- 周囲から感謝され、いつか報われる

ギブを続けると人として成長できる

仕事が速い人は

未来を見据えて自己投資する

仕事が遅い人は

今現在だけを見つめる

圧倒的な自己投資は圧倒的なリターンをもたらす

変化の激しい時代に成果を出し続けていくには、常に自分を高め、アップデートしていく努力が不可欠です。自分をアップデートしていくにあたっては、投資をしなければなりません。投資というのは、自分自身の学びや経験に対する投資です。

一般的に「自己投資」というと収入の10％が目安とされます。ただ、私は、収支が破たんしないという前提を踏まえたうえで、もっと大胆に投資をしてもいいと考えています。圧倒的な自己投資は、必ず圧倒的なリターンをもたらします。

自己投資の対象はさまざまです。

まずは、コンディショニング。仕事をするにあたって最適なコンディションを維持するための投資です。

たとえば、スポーツジムに行って体を動かすのもコンディショニングですし、マッサージや整体の施術を受けるのもコンディショニングといえます。本書では、何度か瞑想について触れていますが、瞑想やヨガなどのコンディショニング効果にはあなどれないものがあります。

学びへの投資としては、勉強会やセミナー、そして現在ではオンライン形式の学びの場もたくさんあります。もはや地方在住であっても、時間やコストをかけずに学びのコンテンツに触れるチャンスは増大しています。こうした場に積極的に参加するのもよいでしょう。

読書は最もコスパのよい自己投資である

そして、最もコストパフォーマンスのよい学びへの投資といえば、読書をおいてほかにはありません。

すでに読書については54ページでも言及していますが、できるエグゼクティブは圧倒的に大量の本を購入し、寸暇を惜しんで目を通しています。読書への投資は確実に回収できることを体験的に理解しているからでしょう。

限られた時間内に企画を立案するような場合は、集中して圧倒的な量の読書をするのが一番の近道です。すると思考が醸成され、自分なりの仮説を立てられるようにな

自己投資の対象はさまざま

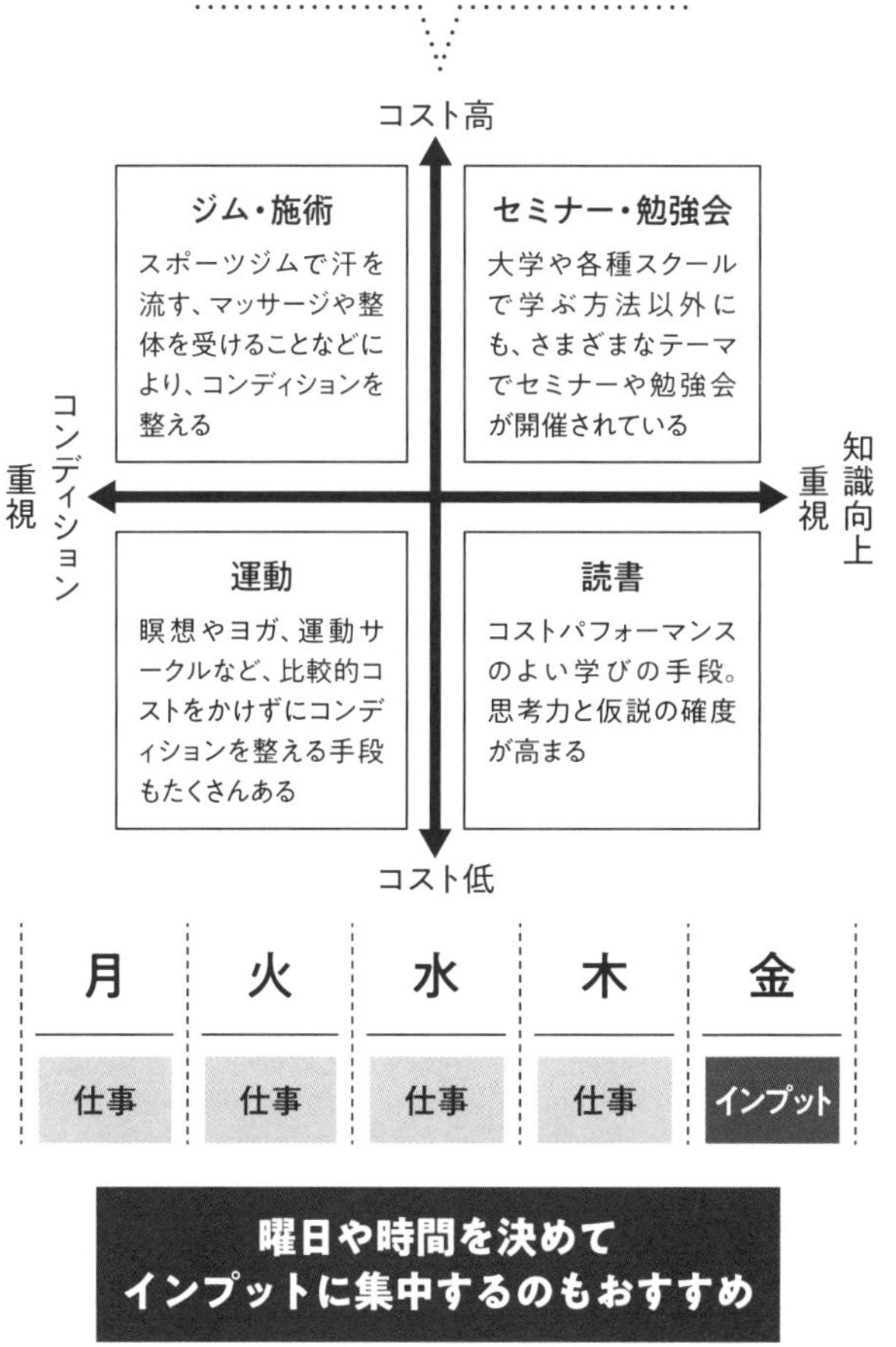
コスト高
ジム・施術
スポーツジムで汗を流す、マッサージや整体を受けることなどにより、コンディションを整える
セミナー・勉強会
大学や各種スクールで学ぶ方法以外にも、さまざまなテーマでセミナーや勉強会が開催されている
コンディション重視
知識向上重視
運動
瞑想やヨガ、運動サークルなど、比較的コストをかけずにコンディションを整える手段もたくさんある
読書
コストパフォーマンスのよい学びの手段。思考力と仮説の確度が高まる
コスト低
月
火
水
木
金
仕事
仕事
仕事
仕事
インプット
曜日や時間を決めて
インプットに集中するのもおすすめ

ります。

もちろん、普段からジャンルを問わず読書に親しんでおくに越したことはありません。ある先輩コンサルタントは、毎週金曜日を「インプットする日」に設定し、その日は仕事をせずに、仕事に関連した書籍はもとより、哲学や文学、アート、歴史などの書籍を読む時間にあてていました。

また別の先輩は、マンガやサブカルチャーにも精通しており、いつもありきたりではないユニークな提案をしていました。

読書好きな人の中には、知識のインプットには熱心なのに、アウトプットが疎かになっている人がいます。もったいない限りです。

大切なのは、アウトプットを前提にインプットをすることです。面白い本を読んだら、内容を家族や同僚などに話してみる。これにより、学んだ知識が定着する効果が得られます。

あるいは、SNSなどに感想をアップしてみるのもよいでしょう。SNS上では、特定の分野について知識や知見をシェアするコミュニティも存在します。そうした場でアウトプットをする経験は、確実に自分を成長させてくれるはずです。

仕事が速い人は

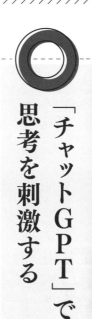

「チャットＧＰＴ」で
思考を刺激する

仕事が遅い人は

「チャットＧＰＴ」に
振り回される

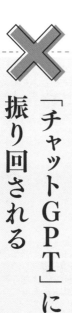

AIは使い方次第で毒にも薬にもなる

このところ、「チャットGPT」や「グーグルBard《バード》」のような「対話型AIサービス」が注目を集めています。その影響は、従来のビジネスを根底から覆すほどのインパクトで、今日《こんにち》インターネットが私たちの生活インフラになくてはならないものになったのと同様、近い将来、AI技術なくしては私たちが生活できなくなる日も、そう遠くはないでしょう。

実際、アイデア発想、文章作成、データ分析や要約などは生成型AIが最も得意な領域。すでに活用し始めている人からは、「もう手放せない」という声も聞きます。

ただし、AIは万能ではありません。まだ発展途上の技術ゆえ、生成される情報にはフェイクが含まれることも多々あります。どんなものにも、光と影、メリットとデメリットがあるように、仕事で対話型AIを使う際には、AIが苦手なことや間違いやすいことを理解したうえで、得意な部分をうまく引き出す使い方をしなくてはなりません。そうしないと、結局フェイク情報に振り回されることになります。

仕事が速い人の仕事力をさらに引き上げる「格差ツール」

私は「チャットGPT」を仕事で使う場合、「問いを立てる力」が結果を左右すると思います。このとき、気をつけたいポイントが3つあります。

ひとつは「設定を明確にして問いを立てる」こと。2つめは「クリティカルな思考で内容を検証する」こと。最後は「最終的に決めるのは自分自身」だということです。

具体例をあげてみましょう。あなたが化粧品会社のマーケティング担当者だったとします。50代以上の女性に向けた、エイジングケアの高級美容液を新発売するにあたり、公式サイトのキャッチコピーをどうするかで悩んでいます。そこで、チャットGPTにアイデアをもらうことにしました。まず、次のような問いを立てます。

問：あなたは化粧品会社のマーケティング担当者です。50代女性向け、高品質のアンチエイジング系美容液を発売するにあたって、広告に使用するキャッチコピーを考えてください。【1】親近感【2】高級感【3】ご褒美 の方向性でお願いします。

このように、立場を明確にして指示することで、どの視点で文章を生成するべきかを判断してくれます。また、複数案をもらいたい場合は、単に3案、5案と指示するよりも、具体的に方向性を提示したほうが、より精度が高くなります。

ここで上がってきた答えに対して、ピンとくるものがあれば、さらに深掘り質問してもいいでしょう。あるいは、設定を変えて消費者の立場でコピーを検証するのも視点が変わって興味深い回答が得られます。こうやってツボを押さえて活用すれば、イチから自分で考えるよりも、何倍も仕事の効率がアップするのは間違いありません。思考が刺激され、さらにいい案が浮かぶこともしばしばです。

一方、新しい技術や革新的サービスが登場すると、必ず批判的なスタンスを取る人がいますが、まずは自分で使ってみる、経験してみるという身軽さと好奇心を失いたくないものです。

（了）

本書は、Ｇａｋｋｅｎより刊行された『マッキンゼーで学んだ速い仕事術』を改題のうえ、加筆・改筆したものです。

大嶋祥誉（おおしま・さちよ）

エグゼクティブコーチ／作家／TM瞑想教師、センジュヒューマンデザインワークス代表取締役。米国デューク大学MBA取得。シカゴ大学大学院修了。マッキンゼー・アンド・カンパニー、ワトソンワイアットなどの外資系コンサルティング会社を経て独立。現在、経営者やビジネスリーダーを対象にエグゼクティブコーチング、ビジネススキル研修のほか、人材開発コンサルティングを行う。また、TM瞑想や生産性を上げる効果的な休息法なども指導。

著書に『マッキンゼーで叩き込まれた 超速フレームワーク』（三笠書房）、『マッキンゼーのエリートが大切にしている39の仕事の習慣』（三笠書房《知的生きかた文庫》）、『マッキンゼー流 入社1年目問題解決の教科書』（SBクリエイティブ）など多数。自分らしい働き方を探究するオンラインコミュニティ『ギフト』主宰。

◎大嶋祥誉　公式Twitter
https://twitter.com/sachiyooshima
◎オンラインコミュニティ『ギフト』公式ページ
https://oshimasachiyo.jp

知的生きかた文庫

マッキンゼーで叩《たた》き込《こ》まれた超速仕事術《ちょうそくしごとじゅつ》

著　者　大嶋祥誉《おおしまさちよ》
発行者　押鐘太陽
発行所　株式会社三笠書房
〒一〇二-〇〇七二　東京都千代田区飯田橋三-三-一
電話〇三-五二二六-五七三四〈営業部〉
　　〇三-五二二六-五七三一〈編集部〉
https://www.mikasashobo.co.jp
印刷　誠宏印刷
製本　若林製本工場

ISBN978-4-8379-8827-4 C0130

C40074